지금은
**빌딩투자
성공시대**

빌딩의 가치를 높이는
차이 나는 투자 전략 가이드

지금은 빌딩투자 성공시대

초판 1쇄 인쇄 2023년 9월 4일
초판 1쇄 발행 2023년 9월 8일

지은이 황정빈

발행인 백유미 조영석

발행처 (주)라온아시아
주소 서울특별시 서초구 방배로180 스파크플러스 3F

등록 2016년 7월 5일 제 2016-000141호
전화 070-7600-8230   **팩스** 070-4754-2473

값 19,000원
ISBN 979-11-6958-076-2 (13320)

지금은 빌딩투자 성공시대

예비 빌딩주의 성공투자 지침서
대박 나는 빌딩 투자 무엇이 다른가?

RAON
BOOK

가치 투자의 최고봉, 빌딩 투자!

깜짝 놀랐다. 강남역 앞 대로변 코너의 랜드마크 빌딩을 2,110억 원에 중개를 하다니…. 대형빌딩을 전문으로 컨설팅하는 자산운용사도 아닌 공인중개사가 큰일을 해내었다면서 주변에서 어떻게 알았는지 격려전화가 빗발쳤다. 매도고객과 매수고객을 동시에 컨택하여 큰 중개를 완료한 사례가 많지 않았기 때문에 더 큰 화제가 되었고, 대형 자산운용사에서 업무협력관계를 맺자는 제의도 많아 협업관계로 일하는 좋은 계기가 되었다.

2021년 4월 6일은 저자에겐 기념비적인 사건이 된 날이다. 중개업 28년 동안 이렇게 큰 계약을 매도와 매수 양쪽 모두 중개한건 처음이기 때문이다. 하늘이 도운 계약이었다.

코로나 팬데믹으로 상가 점포들이 연일 폐업을 하고 경제는 침체되어 가는 상황에서 정부는 초저금리 기조를 유지하며 경기부양용 자금들을 시중에 엄청나게 살포하였다.

사상 초유의 초저금리로 길거리에 돈들이 흘러 넘쳐, 갈 곳 잃은 돈들이 주식으로, 가상화폐 시장으로, 부동산으로 몰려다니며 엄청난 투기 광풍을 불러일으켰다. 아파트 가격이 폭등을 하고, 빌딩 가격이 미친 듯이 연일 최고가를 갱신했다. 과연 이렇게 올라도 되는 걸까? 빌딩 중개 컨설팅을 전문으로 하는 저자조차도 최고가를 찍는 정점이 어느 지점일지 장담할 수 없는 상황이었다. 코로나 당시의 은행 이자수익율은 1.2% 내외로, 실질적 이자 소득은 물가상승률과 비교해도 낮거나 마이너스일 정도로 돈의 가치는 떨어져서 은행은 현금보관소의 기능만을 충실히 수행하는 듯했다. 하이인플레이션 상황에서 벌어진 화폐가치 하락에 따른 자산가치 보존을 위해 갈 곳을 잃은 자금들이 실물자산 중에서도 입지가 양호하고 향후 가치 상승이 예견되는 지역의 부동산으로 옮겨 가면서 빌딩 가격 상승을 견인했다. 자산가들은 인플레이션 헤지(hedge)와 고수익 창출을 위해 이미 우량빌딩으로 투자처를 신속하게 옮겼던 것이다.

바야흐로 빌딩 투자 전성시대가 되었다.

이 책에는 저자가 지난 28년 동안 부동산중개업 현장에서 경험했던 내용들이 고스란히 녹아 있다. 강남역 1번 출구에 소재한 2,110억짜리 빌딩 매매계약부터 영등포구 양평동 260억짜리 현진빌딩, 논현역 5번 출구 앞에 소재한 127억짜리 구 관덕빌딩, 그리고 잠실역에 소재한 23억 근린생활빌딩 매매에 이르기까지 저자가 직접 중개계약하면서 겪었던 내용들이 가감 없이 담겨있다. 다양한 중개 사례와 현장 경험을 바탕으로 자산가들이 어떻게 빌딩의 가치를 밸류업해서 더 높은 수익을 창출하였는지를 진솔하게 서술했다. 그리고 동네의 소형 상가주택으로부터 중·대형 빌딩에 이르기까지 오랜 기간 빌딩 중개과정에서 체험한 내용들을 좀 더 수정 보완하여 언젠가는 빌딩주가 되고자 노력하는 예비 빌딩주가 빌딩 매수 시에 검토하여야 할 아주 중요하고 알찬 내용 등을 빠짐없이 제시하고자 했다. 아울러 기존 건물주에겐 건물 관리를 어떤 방법으로 하느냐에 따라 빌딩 가치가 밸류업 될 수 있음을 사례를 통해 설명하려고 노력했다.

처음부터 끝까지 정독을 한다면 어렵게만 느껴졌던 빌딩매매와 관리에 대한 자신감도 충만해지리라 확신한다. 지금은 빌딩 투자 전성시대이다. 열정과 도전 정신이 있다면 1층 개업 공인중개사도 꼬마빌딩부터 대형 빌딩을 중개할 수 있는 빌딩 투자 전성시대가 되었다고 본다.

지난 28여년 동안 중개업에 종사하면서 함께 동고동락하고 협력했던 많은 동료들과 친구, 친지, 그리고 이 책이 나올 수 있도록 옆에서 내조해 준 아내와 아들, 딸에게 감사한 마음을 전하고, 이 날까지 동행해 주신 하나님께 모든 영광을 드린다.

황정빈

차 례

1장
빌딩 투자 전성시대

2장
빌딩 투자, 이렇게 준비하자

3장
빌딩 우량매물 찾기

7장
빌딩 투자 성공사례

거래 시 필수 서류 및
알아 두면 쓸모 있는 정보 사이트

부록

1장

빌딩 투자
전성시대

공실률 높은데도
빌딩 가격이 오르는 이유

깜짝 놀랐다. 강남대로 상가빌딩 공실율이 무려 15%에서 25% 이상으로 계속 높아지고 있는 상황에서 빌딩 임대수익률이 극히 낮았음에도 불구하고, 빌딩 매매가격은 연일 새로운 가격을 갱신하며 누가 가격을 더 올리나로 경쟁하듯 하늘 높은 줄 모르고 계속 올라가며 신고가를 갱신하고 있었다.

2020년부터 시작된 코로나로 강남 소재 한식과 중식, 일식 등 요식업계 자영업자의 폐업이 줄을 이었고, 일반주점과 유흥주점, 노래방, 당구장, 대중사우나 등 다중이용시설 대부분은 시간적인 영업 제한과 한정된 공간을 통해 제한된 고객을 받아야만 하는 열악한 조건에서 영업을 해야 되는 최악의 상황이 연일 이어졌다. 자영업자들의 수입이 줄어드니 당연히 월세가 밀리고, 종업원들 급여조차 걱정을 해야 되는, 이때까지 겪어보지 못한 초유의 위기사태가 벌어진 것이다.

단군 이래 최대 유동성

빌딩 가격의 상승에는 시장에 넘쳐난 유동성을 제1원인으로 꼽을 수 있다. 10년간 지속된 초저금리 정책이 전 세계의 유동성을 키웠고, 그로 인해 실물투자 자산으로 돈이 몰린 것이다. 게다가 지난 3년간 코로나로 인해 침체된 경기를 인위적으로 부양하려고 각국 정부는 거의 제로금리에 가까운 정책을 펼쳤다. 경기부양용 자금을 시장에 대량으로 살포한 셈이다.

최근 2~3년처럼 이렇게 많은 돈이 시중에 흘러넘친 적은 없었다. 1997년 IMF 사태 때는 달러 부족으로 강남의 빌딩들을 외국계 큰손들이 1/4 정도밖에 안 되는 헐값에 쓸어 담았다면, 코로나 시절에는 사상 초유의 초저금리로 길거리에 흘러 넘쳐 갈 곳 잃은 돈들이 주식으로, 가상화폐 시장으로, 부동산으로 몰려다니며 엄청난 투기 광풍을 불러일으켰다. 아파트 가격이 폭등을 하고, 빌딩 가격이 미친 듯이 매일 매일 최고가를 갱신했다.

과연 이렇게 올라도 되는 걸까? 빌딩 중개 컨설팅을 전문으로 하는 저자조차도 최고가를 찍는 정점이 어느 지점일지 장담할 수 없는 상황이었다.

돈의 가치가 떨어지고, 은행에 예금을 해도 이자 수익률이 1.2%

내외로 실질적 이자 소득은 물가상승률과 비교해도 낮거나 마이너스 상태여서 은행은 현금보관소의 기능만을 충실히 수행하는 듯했다. 하이인플레이션 상황에서 벌어진 돈의 가치 하락에 따른 자산가치 보존을 위해 갈 곳을 잃은 자금들이 실물자산 중에서도 입지가 양호하고 향후 자산가치 상승이 예견된 지역의 부동산으로 옮겨 가면서 빌딩 가격 상승을 견인한 것이다. 그럼 빌딩 매수 수요를 유발시킨 추가적 요인은 또 무엇이 있었을까?

베이비부머의 투자처 꼬마빌딩

빌딩 가격이 상승할 수밖에 없는 중요한 변수 중 또 한 가지 요인은 베이비부머 세대의 은퇴다. 나는 이들의 은퇴가 빌딩 시장에 상당한 영향을 미쳤다고 본다. 이들 세대 가운데 많은 이들이 서울의 요지에 30평대의 아파트를 소유하고 있다. 이 아파트의 시중가격이 약 17~25억이라고 했을 때 은퇴를 맞은 이들 중 상당수가 이 아파트를 처분하고 고정적으로 임대수익을 가져다주는 수익성 건물을 본격적으로 매입하기 시작한 점이 또 다른 빌딩 가격 상승의 큰 요인이 된 셈이다.

전체 빌딩매매 거래의 약 70% 정도가 30~50억 원대 꼬마빌딩이고 보면, 이들 베이비부머 세대를 비롯한 빌딩 투자 매수층 수요가 생각보다 풍부했다는 것을 알 수 있다.

서울 글로벌 대도시로 부의 집중현상

빌딩가격 상승의 또다른 요인 중 하나는, 서울이 차지하는 경제적 비중을 꼽을 수 있다. 서울은 우리 생각보다 훨씬 큰 세계적인 도시이다. 세계의 글로벌 대도시 중 서울은 도시 경쟁력 순위에서 랭킹 8위권에 들어가 있어 경제적 가치가 우리의 생각 이상으로 크다. 한국이 선진국으로 압축성장을 하는 과정에서 대한민국 수도 서울에 경제력이 집중되는 현상이 서울 지역 빌딩가격을 끌어올리는 데 큰 역할을 했고, 이 같은 현상은 앞으로도 지속될 것이다.

일본의 모리기념재단 도시전략연구소가 발표한 2021년 세계 도시 종합경쟁력 순위에서 서울은 2020년과 동일하게 8위권을 유지하고 있다고 밝혔다. 이 보고서가 발표한 세계 랭킹 순위를 보면, 1위 런던, 2위 뉴욕, 3위 도쿄, 4위 파리, 5위 싱가포르, 6위 암스테르담, 7위 베를린, 8위가 서울이다. 8위라는 랭킹은 9위를 차지한 스페인의 마드리드와 10위를 차지한 호주의 멜버른을 앞서는 자리다.

서울과 경기도에 집중된 대기업과 중소기업의 우량한 일자리가 결국 서울과 경기도로 인구 이동을 촉진시켰고, 이것이 다시금 부동산 유효수요로 이어서 부동산 가격을 올렸다고 본다.

선진 투자기법으로 무장한 외국계 자산운용사들의 서울 진출

선진 투자기법으로 무장한 외국계 자산운용사들이 외국의 투기성 핫자금을 서울로 끌어 들이고, 상시적으로 한국의 오피스빌딩 사냥을 위해서 대기 중에 있는 상태이고 보면, 이들 돈들이 모이고 모여서 새로운 수요를 지속적으로 창출하고 있으니 서울 소재 부동산, 특히 국내 대기업과 유망기업들이 몰려 있는 강남권 소재 빌딩의 가격들이 상승하지 않은 것이 오히려 이상할 정도이다.

신흥 부호들의 빌딩 투자 가세

서울에는 국내 유수 대기업들의 본사와 중견기업들, 외국회사 법인들이 모여 있다. 대기업 임원들과 30~40대 중반에 크게 기업을 일으킨 기업체 사장들과 임원들도 빌딩 투자에 가세하여 매수가 풍부한 상황이 되어 부동산 가격 상승을 견인하여 왔음을 무시할 수 없다.

외국인 매수세는 상승 중

저자가 경험한 바에 따르면 외국인 개인 투자자들의 서울 부동산 쇼핑 광풍이 날로 거세지고 있음을 느낀다. 이제 강남이든 용산이든 서울 핵심 알짜 단지엔 외국인이 무조건 있다고 봐야 한다. 외국인 부동산 투자자들은 비싼 값을 치르더라도 최고의 입지를 선택한다. 게다가 임대를 목적으로 둔다면 무조건 강남이 투자 1순위이다. 한 외국인은 본국에서 대출을 끌어와 강남에 월세 임대를 놓고 임대사업을 하고 있다. 외국인들이 봤을 때 강남만큼 확실한 데가 없으니까 그들의 투자수요가 더 많이 몰리는 것이다.

서울이 세계 경제에서 차지하는 비중이 커지면 커질수록 서울 부동산의 미래가치는 지속적으로 올라갈 수밖에 없고, 이러한 미래가치가 확실하게 보장되는 강남권으로 투자 수요가 몰리는 것은 당연한 일 아닐까? 강남권과 마용성, 개발호재가 있는 지역을 제외하면 올라갈 가능성을 점치기 쉽지 않지만, 강남권은 아무리 비싸도 외국에서도 매수하려는 대기수요가 넘치니 가격이 올라가는 것은 어찌보면 당연하다고 볼 수 있다.

고금리 정책으로 인한 조정기

코로나로 침체된 경제를 인위적으로 부양하기 위해 시중에 뿌려진 엄청난 유동성 자금이 물가를 과도하게 올리자, 경기를 연착륙시키기 위해 미 연준은 다시 고금리 정책을 사용하여 시중에 쌓여 있는 돈들을 회수하고 있다. 그러다 보니 국내의 대부분 은행들도 고금리 기조로 물가와의 전쟁을 선포하고, 대출금을 회수하며 과도하게 부풀려진 유동성으로 치솟은 부동산가격이 조금씩 조정기를 거치고 있다. 지금 부동산 가격은 서서히 조정되고 있어 이 조정기가 끝나면 2023년 하반기부터 금리도 다시 하향 안정화로 돌아서면서 빌딩 투자에 적합한 시간이 도래할 것 같다.

주택 지고
빌딩 뜬다

부동산 공화국 대한민국의 투자변화 움직임

대한민국은 가히 부동산 공화국이라고 할 만하다! 대한민국 국민자산 중 부동산이 차지하는 비중이 2021년 기준 64.4% 정도 되고 보면, 얼마나 부동산을 선호하는지 단적으로 보여주는 통계이다.

특히 부동산 중에서도 주거용부동산은 자고나면 가격이 올라서 투자 1순위였던 시절이 있었다. 그러나 서민생활과 밀접하게 연결된 주택의 과도한 가격상승은 무주택자로 하여금 상대적 박탈감을 가지게 했고, 20년을 저축해도 집을 살 수 없다는 상실감이 생기게 한 것도 사실이다. 사정이 이러하다 보니 매년 국회의원 선거에서도 단연코 주택공급과 주택안정화에 대한 내용이 주요 공약사항이 되어 왔다. 부동산정책에서 제1순위가 서민주택과 관련된 주거안정대책에 관한 내용이고 보면, 거의 대부분의 부동산 투자억제 정책이 주거용 부동산에 집중될 수밖에 없는 것이 현실이다.

주택 투자가 저무는 이유

주택이 재테크 혹은 투자 수단이던 시대가 저물 수밖에 없는 이유는 무엇일까?

첫째로 서민의 주거생활과 밀접한 주택을 돈과 능력이 있는 소수의 사람들이 매점매석식으로 투자하며 수요와 공급을 왜곡하자 이것이 주택가격 폭등의 요인으로 지목되면서 이를 투기로 간주하는 분위기가 감지되고 있다.

앞으로도 부동산정책 중 주택 부분은 정권에 따라서 냉탕과 온탕을 오가는 정책을 시행하겠지만 기본적인 기조는 다주택자들의 과도한 주택 투자를 억제하는 정책을 이어갈 것이다.

둘째로 다주택자들이 주택을 통해 벌어들인 불로소득은 최대한 과세를 해서 이윤을 남긴다 해도 세금으로 다 부과하여 매각 후 별로 큰 메리트가 없는 방향으로 자리 잡아 갈 것이다.

서민의 생활에 밀접하게 영향을 미치는 주택을 자금력이 많은 다주택자들이 추가로 매입하는 투자를 투기로 간주하고, 다주택자를 범법행위자로 취급하여 투자 수익의 대부분을 불로소득으로 간주해 징벌적 세금을 부과하여 수익의 대부분을 환수시켜야 한다는 정서가 많이 자리 잡아 버린 시대가 되어버렸다. 이제 주택투자는 신중해야 한다.

셋째로 1955~1963년 사이에 태어난 베이비부머 세대가 은퇴하면서 주택의 수요가 크게 줄고, 상가주택과 수익성 건물 투자로 돌아서고 있다. 과거 30~40년간 우리나라 경제는 전 세계에서 가장 빨리 성장했고 인구가 가장 빨리 늘어났다. 1973년 우리나라의 1인당 국민소득이 400달러였지만, 34년이 지난 2020년에는 87.5배가 많은 3만 5,000달러가 되었고, 또 1973년에는 집이 필요한 30세 이상 인구가 약 1,100만 명 정도였지만, 2008년에는 3,000만 명으로 약 3배가 늘어났다. 인구가 거의 정체되어 있는 선진국에 비하면 말도 안 되는 빠른 증가였다. 이렇게 세계에서 가장 빠르게 인구가 급증하고 경제가 급성장한 것 때문에 집을 사려는 수요가 매년 증가했고, 주택업자들이 주택공급을 계속 늘려왔지만 늘상 공급 부족 상황이 거듭되다 보니 집값은 줄곧 5~10년을 주기로 폭등과 조정을 반복해왔다. 이 당시에 집값이 오르지 않았다면 오히려 이상했을 것이다.

그런데 이러한 추세에 변동을 가져온 것이 바로 주택 수요를 크게 견인했던 베이비부머 세대들의 은퇴가 본격화되고 있다는 사실이다. 평생 동안 절약해서 마련한 주택을 잘 활용해서 앞으로 100세시대 노후를 어떻게 보내야 될까로 고민하는 시대가 되었다는 것이다.

베이비부머 세대가 강한 수요자로 있었기에 주택가격의 상승이 가능했고, 이들이 은퇴하는 시점에도 주택 가격이 이런 추세로 갈 거란 기대는 버려야 할 때가 되었다. 최근 몇 년간 추이를 보면 베이비부머 세대가 타워팰리스와 같은 고가주택을 매도하고 상가주택을 매수하여 노후 수입의 안정화와 주거문제를 동시에 해결하려는 수요가 많이 늘어나고 있다. 지금도 주택을 매각하고 상가주택과 빌딩 매수를 문의하는 사람들이 계속 증가하고 있는 추세이다.

넷째로 저출산 문제가 주택 수요를 감소시킨다.

통계청이 발표한 2020년 출생 통계에 따르면 한국의 합계출산율은 2018년 0.98명, 2019년 0.92명으로, 경제협력기구(OECD) 36개 회원국 가운데 1명 미만인 유일한 나라가 대한민국이다. 회원국의 평균 합계 출산율은 2019년 평균 1.61명이다.

우리와 비슷한 속도로 경제가 성장하고, 비슷한 속도로 인구가 늘어났던 일본은 1991년부터 최근의 미니버블이 생겼던 2005년까지 14년 동안 도쿄의 집값이 1/3로 내려갔다. 그나마 한국은 부동산 폭등기에는 정부가 선제적으로 개입하여 조정기를 거쳤기 때문에 일본처럼 되지는 않는다고 하더라도 1991년 일본의 인구 구조가 2010년 전후의 우리나라 인구 구조와 매우 비슷하다는 것은 시사하는 점이 크다고 할 것이다.

그러면 앞으로도 주택과 아파트 가격이 계속 호황을 누린다고 봐야 할까? 그러기엔 회의적인 시각이 대다수의 의견이다. 아파트 가격이 조정기를 거쳐서 서서히 연착륙할 수밖에 없으리라고 본다.

꼬마 빌딩이 온다

상대적으로 투자에 대한 규제가 없는 꼬마빌딩이 새로운 투자처로 떠오르고 있다. 지난 몇 년 동안 아파트 가격이 급등하면서 일반인들도 아파트를 팔거나 대출을 받아 꼬마빌딩에 투자하려는 수요가 크게 증가하고 있고, 베이비부머 은퇴세대의 노후대책용으로 일정한 수익이 나오는 빌딩으로 자금들이 움직이고 있다. 코로나로 지속된 저금리 때문에 이자부담이 높지 않았고, 주택시장보다 규제가 덜한 이유도 있었지만, 2018년 3월 26일 RTI가 적용되기 전에 발빠르게 움직이며 투자를 결정한 것은 역시 젊은 층이었다.

이제 빌딩은 돈 많은 자만이 꿈꿀 수 있는 자산이 아니게 되었다. 레버리지를 활용한 투자, 공동투자, 소규모 빌딩 투자 등으로 빌딩 시장은 크게 활황을 맞고 있다. 투자와 재테크에 관심이 많은 젊은 세대의 유입도 꼬마빌딩 시장을 크게 활성화시키는 계기가 되었다. 자기 자본에 맞는 투자로 빌딩에 도전해볼 시기가 도래한 것이다. 바야흐로 꼬마빌딩 투자의 전성시대가 도래했다

이제 주택에 투자해서 돈을 벌던 시대는 지났다. 저자도 중개업 초창기인 1990년대는 주택을 투자수단으로 생각하고 중개를 하면서 가격이 저평가 되어 있던 주택을 매입 후 3년 정도 보유하고 다시 되팔아서 투자 대비 상당한 돈을 벌었던 적이 있었다. 그러나 이제는 주택을 투자용으로 생각하기 보다, 똘똘한 집 한 채 소유하면서 거주하는 실수요자 시장으로 주택시장이 재편되고 있고, 다주

택자를 주택 가격을 올리는 범법자로 인식하는 분위기가 팽배해져서 다주택자에겐 양도세와 종부세 중과 방침으로 투자수익의 대부분을 과세하여 주택 투자억제 정책을 지속적으로 시행하는 정부의 주택정책이 지속되는 한 주택투자로 돈을 벌던 시대는 끝났다고 본다.

인구 변동에 따른 부의 양극화, 빌딩 투자로 대비하자

대한민국 절대 인구의 감소가 시작되었다. 인구는 점차 고령화되고, 노령인구의 사망률이 출산율을 훨씬 상회하여 절대인구 감소가 부동산 가격을 폭락시킬 것이라는 견해에 대해 부정적 의견도 있지만, 적어도 인구감소가 부동산 시장의 전체적인 측면에서 부정적이라는 데에는 이론의 여지가 없다.

저출산 시대, 새로운 재앙의 시작

한때 우리나라에는 급증하는 인구수를 제한하기 위해 산아제한을 위한 수단으로 TV와 라디오로 "아들, 딸 구별 말고 둘만 낳아 잘 기르자"는 표어를 거리에 붙이고 매일 홍보하던 적도 있었다.

이때는 베이비부머 세대(1955~1963년 생)로 인구가 정점을 찍었던 시절로 기억이 된다. 경제성장률 또한 매년 10~12%씩 고도성장을

구가하던 시절이기도 하다. 이 당시 웬만한 대학을 졸업해도 취업은 별로 걱정하지 않아도 되던 시기였고, 취직 후 급여 외에 보너스로 600~1,000%를 받는 사람들이 많아서 투자할 여유자금도 풍부하던 시기로 고도성장기에서 볼 수 있었던 진풍경이었다. 그리고 이당시 일반 가족 구성을 보면 형제들이 대개 3~12명까지로 대가족이 많았던 시절이기도 하다. 이들 베이비부머 세대들이 벌어들이는 수익도 많아 아파트를 짓는 족족 완판이 되었고, 고도 경제성장 속도만큼 아파트의 가격도 거침없이 고공행진을 기록하였었다. 그러나 지금은 과거의 영광을 뒤로 한 채, 2020년 기준 한 가구당 출산인구가 0.84명으로 급격하게 떨어지고, 청년들의 취업문제도 녹록지 않아 수익도 불투명하며, 내집 장만할 자금 마련조차 만만치 않아 부동산에 미칠 파장이 상당할 것으로 예측되고 있다.

연애, 취업, 결혼 기피 세대

그러면 2023년 현재 시점은 어떠한가? 경제성장률은 매년 2% 내외를 간신히 유지하는 저성장 경제체제를 유지하고 있고, 기업은 직원 채용을 대폭적으로 줄인 지 오래다. 신규 채용은 물론 이제 정기적인 신입사원 채용 같은 루틴은 찾아보기 힘들어졌다.

만성화된 취업난에 젊은이들의 구직난은 심각해지고 있으며, '취준생' 기간이 늘어남에 따라 부동산에 투자할 가용 자금은 생각지도 못한 세대가 양산되고 있다. 여기에 더하여 결혼 기피 현상과 인구 감소율도 OECD 국가 중 최고인 상태다.

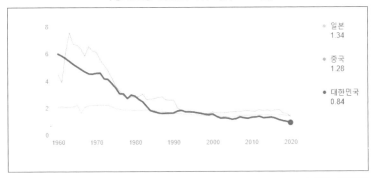

여성 1인당 출산률 0.84명(2020년)

일본 1.34
중국 1.28
대한민국 0.84

❖ 출처 : 세계은행

주민등록 인구 감소 현상이 발생된 주된 원인은 심각한 저출산 현상인데, 문제는 저출산 현상이 결혼기피 풍조, 기혼부부의 출산 의욕 저하, 좋은 일자리 부족 등 복잡다단한 사회적, 경제적 문제와 연결되어 있다는 점이다. 이는 저출산 문제가 단기간에 해결할 수 없는 매우 복잡하고도 심각한 사회문제로 대두되었음을 의미한다.

인구 고령화 시대의 도래

UN이 정한 바에 따르면 65세 이상 노인 인구 비율이 전체 인구의 7% 이상을 차지하게 되면 고령화 사회, 14%를 넘어가면 고령 사회, 21%를 넘어가면 초고령화 사회라고 한다. 일본은 이미 21%를 넘어 초고령화 사회에 들어섰고, 우리나라는 2030년경이 되면 일본과 같은 초고령화 사회로 진입하게 된다.

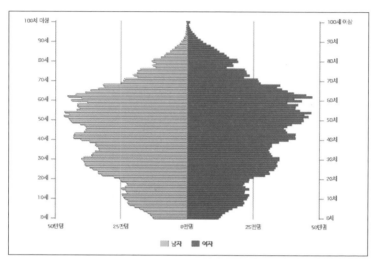

한국은행의 조사에 따르면 70세 이후에는 대부분 노후 생계비 마련을 위해 부동산을 파는 경향을 보인다고 한다. 이렇게 되면 지금까지의 부동산 불패 신화는 머지않아 깨지게 될 확률이 높다. 많은 언론과 전문가들은 우리나라가 일본의 부동산 가격 폭락 수순을 똑같이 밟을 것이라고 예견하는 부류와, 부동산은 복잡계의 영역이라 하향 안정화 추세로 갈 것이라는 부류도 있어 전반적으로 부동산시장이 하강국면으로 가는 것은 틀림없는 사실이다.

일본은 1992년부터 부동산 가격이 급격히 떨어지기 시작해 주거용 부동산은 92년 대비 현재 60% 떨어졌고, 상업용 부동산은 약 50%까지 떨어졌다. 가히 부동산 가격 폭락이라고 할 만하다. 일부

전문가들의 말대로 일본의 고령화가 부동산 시장의 붕괴를 이끌었다면 우리는 그 과정을 미리 이해하고 대비할 필요가 있다.

우리나라 부동산 시장이 일본처럼 폭락하게 될 경우 부동산뿐만 아니라 전체적인 경제 상황에 치명타를 입게 된다. 그러나 다행히도 부동산 시장은 '복잡계'의 영역이다. 일본의 부동산 폭락은 단순히 초고령화 사회의 도래뿐만 아니라 다른 요소가 복합적으로 작용한 결과이다. 즉, 인구 고령화로 인한 경제성장의 동력이 약화되어 1인당 국민소득이 정체 혹은 하향해 부동산 가격이 더 이상 올라갈 여력이 없고 오히려 부동산을 처분하려는 공급이 많아졌기 때문에 가격이 하락한다는 것이다. 어쩌면 이러한 상황은 우리나라에서 반복될 수도 혹은 어떻게 대처하느냐에 따라 달라질 수도 있다는 이야기다.

그러나 분명한 것은, 일본과 같은 급격한 폭락은 없을지 모르지만 고령화가 지속된다는 것은 부동산을 구매할 여력이 있는 수요층이 줄어든다는 뜻과 같다. 그렇게 되면 특별한 변수가 생기지 않는 한 시간이 지날수록 부동산의 전반적인 가격은 점차 내려갈 수밖에 없다고 본다.

부동산 지역별 양극화 심화

대한민국 부동산 시장이 본격적으로 인구 감소의 영향권에 들어가는 원년이 2030년이 될 것이라고 전문가들은 예측한다. 이럴 경우 대한민국 인구감소와 부동산 시장의 대세 하락 혹은 약보합은 이미 정해진 운명이다.

2030년 이후 대한민국 부동산 시장을 관통할 키워드는 '철저한 양극화' 현상이 될 것이다. 경제활동 인구가 많이 모이는 우량한 일자리가 상대적으로 밀집된 서울 수도권과 지방의 일부 기업도시 등에서는 풍부한 부동산 유효수요가 부동산 가격 폭락을 막아주는 안정판 역할을 할 것이지만, 경제활동 일자리가 적어 상대적으로 소외된 지역은 지금과는 비교가 안 될 정도로 아주 심각한 상황이 오게 될 것이다.

인구 감소 문제로 가장 먼저 직격탄을 맞을 곳은 급격한 노령화로 몸살을 앓고 있는 지방이다. 수도권보다는 지방이 압도적으로 취약할 것이고, 그중에서도 대도시권이 아닌 지역들이 집중적으로 큰 타격을 받을 것이다.

사회적 경제인구 이동으로 유지가 되는 강남구, 서초구, 송파구, 마포구, 용산구, 성동구, 광진구, 그리고 경기도의 화성시, 하남시, 김포시, 세종시, 송도국제도시 등 일자리가 많은 도시, 이와 반대로 일자리가 없어 경제적 자립기반이 취약한 도시 사이에 시간이 지나면 지날수록 더 큰 차별화 현상이 발생할 것이라 판단된다.

저출산과 고령화 등 지방소멸 위기와 저성장 등 지방이 감당하기 어려운 이 같은 위험요인은 지방만의 문제가 아니라 국가의 기본을 흔드는 본질적인 문제로 바라보아야 한다.

이젠 투자도 될 만한 지역과 유망한 입지를 찾아서 선택해야 하는 시대가 된 것이다. 일자리가 많아서 인구 집중을 유발하는 시설이 많은 지역에 결국은 사람들이 모이고 자본이 모여서 부동산 투자에 대한 두터운 수요층을 견고하게 만든다.

　인구 고령화와 절대인구의 감소로 이젠 수요 감소, 저성장 시대의 바람직한 부동산 투자 방안을 준비해야만 될 시기가 도래했다.

글로벌 경제에서 부동산 가격이 의미하는 것

글로벌화된 경제력이 부동산 가격을 견인한다

명석한 두뇌와 막강한 소득수입으로 재력을 확보한 각 전문분야의 영리치들이 강남3구를 비롯한 해외 글로벌 이슈화된 상업용 빌딩을 꾸준히 매집하고 있다.

2021. 12. 16. 일자 SBS 보도국 기사에 따르면, 현재 한국이 전 세계에서 차지하는 경제규모가 2018~2021년 12월 말까지 줄곧 세계 10위권을 유지하고 있다고 한다. 한국의 올해 명목 국내총생산은 미 달러화 기준으로 1조 8천 239억 달러(약 2천166조8천억 원)로 추정되며, 이는 전 세계 191개국 가운데 10위에 해당하는 규모이다. 국제통화기금(IMF)에 따르면 2022년 한국의 GDP는 1억9천77억 달러(약 2천266조3천 억)로 역시 세계 10위를 차지할 것으로 예상했다.

IMF의 전망에 따르면 올해와 내년 10위권 내 국가 순위는 미국, 중국, 일본, 독일, 영국, 인도, 프랑스, 이탈리아, 캐나다, 한국 순으로 변동이 없을 것으로 예상하고 있다.

글로벌 기업들이 안전자산인 부동산을 선호한다

이 보도가 주는 내용을 좀 더 세밀하게 분석하여 부동산에 접목해보자! 한국의 경제력이 세계 10위권에 랭크업 되고, 외화로 벌어들이는 수익이 누적되어, 2022년 2월 말 우리나라의 외환보유액은 4,617.7억 달러로 세계 8위이다. 게다가 국내 대기업과 중소기업 또한 호황기에 영업으로 벌어들인 수익으로 보유한 자금들이 급격히 늘어나 이러한 자산을 은행에 예치하기도 하겠지만, 인플레이션 헤지 기능과 안전자산인 투자처를 찾다보니 부동산에 투자하는 기업들이 상당히 많이 늘어나고 있다. 게다가 외국계 자산운용사들이 한국의 성장 잠재력을 높이 평가해 핫머니까지 총동원하여 입지가 좋고 수익률이 좋은 대형빌딩에 투자하려고 한국시장에 많이 진출해 있다. 그리고 이러한 글로벌 대기업과 중견기업 등에 종사하는 영리치들이 벌어들이는 연봉 수입 또한 엄청나다 보니 이들이 벌어들인 수입은 처음엔 은행과 주식, 채권 등에 예치된 상태로 있다가 투자기회가 오면 바로 상업용 건물로 갈아탈 채비를 서두르고 있다.

2022년 1월 말 기준 우리나라의 외환보유액 규모는 세계 6위

수준이다.

주요국의 외환보유액

(2022.1월말 현재, 단위 : 억 달러)

순위	국가	외환보유액		순위	국 가	외환보유액	
1	중국	32,216	(−285)	6	한국	4,615	(−16)
2	대만	5,489	(+5)	7	러시아	6,302	(−4)
3	일본	13,859	(−198)	8	사우디 아라비아	4,466	(−83)
4	홍콩	4,925	(−44)	9	인도	6,299	(−37)
5	스위스	10,926	(−174)	10	싱가포르	4,184	(+5)

✧ ( ) 안은 전월말 대비 증감액 (자료 : IMF, 각국 중앙은행 홈페이지)

글로벌 경제에 편입된 한국, 부동산의 부증성으로 가격을 올렸다

부동산은 부증성(인위적으로 양을 늘릴 수 없는 성격)으로 인해 생산으로 양을 늘리는 게 불가능하다. 거기에 더해서 한국은 OECD 기준으로 볼 때 소득수준이 벌써 선진국의 반열에 들어가 있고, 경제규모도 세계 7위 무역국으로 엄청나게 성장해서 외화로 벌어들인 돈들을 저축할 수 있는 수단으로 은행과 주식시장, 채권 등으로도 막대한 돈들이 흘러 들어가지만, 가장 안정한 자산인 부동산 시장에도 엄청난 자금들이 몰려들어 자산가치를 줄곧 상승시킬 수밖에 없는 경제구조를 가지고 있음을 유념해야 한다. 자고 나면 부동산 가격이 올라갈 수밖에 없는 경제성장 구조에 갇혀 있는 것이다. 앞으로도 한국이 지속적으로 경제성장을 이어 간다면, 별다른 안전한 자산보존 대체수단이 없는 한 부동산을 찾는 수요는 꾸준하게 늘어갈 것이다.

불과 10~20년 전만 하더라도 홍콩은 국제도시로 아시아의 경제허브를 자처하던 곳이었다. 그러나 중국으로 편입이 되고 난 다음부터 중국의 국가보안법 등을 통한 간섭으로 많은 제약을 받게 되자 국제도시의 기능이 예전만 같지 않아 많이 쇠퇴하게 되었고, 일본 또한 예전의 경제대국의 이미지에서 잃어버린 20년으로 경제성장이 많이 둔화되어 경제성장률이 상당히 침체해 있는 것이 사실이다. 이러한 와중에 한국은 눈부신 경제성장과 K팝, K드라마, K무비에 이어 이젠 K푸드까지 한류 열풍이 전 세계적으로 불고, 전 세계에 미치는 한국경제의 영향력도 상당한 경지에 와 있다. 지금 한국의 브랜드 가치도 엄청나게 상승하여 수도 서울의 국제도시로서 위상도 연일 상승세를 타고 있다.

서울과 수도권에 글로벌 일자리들이 몰려 있다

홍콩의 국제도시로서 높은 위상을 한국의 수도 서울과 송도, 부산, 광양이 가져온다면 또 한 번 이들 국제도시 속의 부동산 가치는 훨씬 더 높게 평가될 것이다.

현재 OECD 국가별 부동산 가격추이를 분석해 보면, 미국, 중국, 일본, 독일, 영국, 인도, 프랑스, 이탈리아, 캐나다, 한국의 부동산 가격이 동반 상승하고 있음을 알 수 있다. 이제 부동산의 가치는 한국만 가지고 말할 수 없는 글로벌 세상이 된 지 오래이다.

대한민국 수도 서울과 수도권에 조밀하게 모여 있는 글로벌 기업들, 중견 기업들이 양질의 일자리를 제공하며 한국 경제의 근간을 이루고 있어서 서울과 수도권에 부동산 투자가 더 많이 쏠릴 수밖에 없는 구조적 문제점도 동시에 가지고 있다.

우리나라 경제 수준에 맞게 부동산 가격도 키높이를 맞추는 중

이제 전 세계는 하나의 경제시스템으로 묶인 톱니바퀴로 맞물려 돌아가고 있다. 한국의 부동산 가격과 미국, 일본의 부동산 가격이 전혀 별개로 움직이는 것이 아니라 상호 영향을 주며 가치를 재평가하고 경제 규모에 맞게 돌아가는 시대에 살고 있는 것이다. 한국경제가 지속적으로 성장하는 한 부동산의 가치는 지속적으로 올라갈 수밖에 없다.

노후 준비,
빌딩만한 게 없다

100세 시대, 인생 이모작 부동산임대업을 준비하라

아무런 노후준비 없이 갑자기 맞이한 베이비부머 세대에게 장수가 축복이 되어야 할 텐데, 까딱 잘못하면 재앙으로 바뀔 수도 있다. 그럼 노후 준비를 어떻게 해야 잘하는 것일까?

통계청 조사에 따르면 2022년 3월말 기준 가구주의 예상 은퇴 연령은 68세이며, 실제 은퇴한 연령은 62.9세로 확인이 되었다. 그리고 은퇴한 연령대의 가구소득원을 확인한 결과 근로소득이 64.3%, 사업소득 18.1%, 재산소득이 6.6%로 나타났다.

이 통계가 의미하는 시사점은 노후에도 상당수 많은 사람들이 근로소득에 의존하고 있다는 사실이.

두 가지 사례를 들고자 한다.

저자가 부동산중개를 28년 동안 진행하면서 실제로 목도한 내용이다.

직장인 A씨는 잘나가는 대기업 H사의 중역으로 근무하다. 정년퇴직을 하고 유명 프랜차이즈 치킨집을 창업하였다가 조류독감이 한참 기승을 부리던 해에 사업장을 모두 정리하고, 현재는 고용관리공단에서 취업교육을 받고 있는 중이다. 사전에 충분한 준비없이 프랜차이즈 본사의 브랜드와 자기 자신의 의욕만 믿고 진행했던 게 화근이 되어 혹독한 수업료를 치렀던 것이다. 한때는 대기업에서 많은 직원들을 거느리며 중역으로서 회사를 위해 큰 일들을 많이 했지만, 정작 자신을 위해선 별다른 준비를 하지 못하고 갑자기 맞이한 퇴직이 그를 어려움으로 몰아 넣은 것이다.

직장인 B씨는 중견기업에 근무하다가 현재는 송파구 방이동에 소재한 꼬마빌딩에서 나오는 임대료를 받으며 손자들과 소일거리를 찾아서 여행을 하며 노후를 보내고 있다. B씨는 평상시에도 재테크 관련 정보에 관심을 가지고 회사 일이 끝나면 꾸준히 부동산 관련 투자 정보를 수집하고 잘 모르는 내용이 있으면 부동산 전문가를 찾아가서 자문을 받으며 차근차근 노후 준비를 하면서 소소한 투자를 하여 왔었다. 그리고 회사를 퇴직하자 모든 재산을 정리하고 퇴직금을 합하여 방이동에 소재한 상가 빌딩을 27억에 매입하여 1~3층은 월세 임대료를 받고, 4층과 옥상은 본인이 주거로 사용하고 있다. 2014년 초에 제2롯데월드타워 개장이 있기 전 27

억에 산 꼬마빌딩 가격이 지금은 50억 이상을 상회하고 있다.

KOSIS 국가통계포털에 따르면 대한민국 국민들의 기대수명은 남자 85.6세, 여자 90세로 나타났다. 이젠 퇴직 후 20~30년을 보낼 노후를 반드시 준비해야만 하는 시대가 된 것이다.

은퇴 이후 소득이 급감할 텐데, 노후대책이 되어 있지 않다면 상당 기간을 더 일해야 하는 반퇴생활 상황이 되어 가고 있다.

그러면 노후대책을 어떻게 준비할 것인가?

노후 준비는 40대 이전부터, 빠를수록 좋다

기본적인 생활조차 할 수 없을 정도로 경제적으로 궁핍하게 사는 노년을 칠순거지라고 한다.

40대 말~50대 초반부터 조기 퇴직이 강요되는 세상에서 철저히 준비하지 않으면 누구나 칠순거지가 될 수 있다. 70대, 80대에 궁핍하게 살지 않기 위해 40대, 50대에 꼭 해야 할 일들은 다음과 같다.

현재 노후준비로 국민연금, 퇴직연금, 개인연금, 주택연금, 주식 배당금, 채권, 은행이자, 그리고 조그만 상가에서 나오는 임대소득, 조금더 발전적으로 꼬마빌딩 같은 임대소득 등으로 포트폴리오를 준비하고 있어야 한다

국민연금은 소득이 있고 나이가 만18세 이상 60세 미만이라면 의무적으로 가입해 매달 보험료를 부담하고, 조기 수령자가 아니

라면 가입기간 10년 이상 그리고 만 65세 이상이라는 조건 달성시 수령이 가능하다. 현재 국민연금 가입자는 2,210만 명, 기금 적립금 724조 원으로 세계 3대 연기금에 해당하는 규모이지만, 대한민국 대부분의 연금가입자는 소득대체율이 평균 20%대이며, 실제로 수령하는 평균금액은 60만 원으로 용돈 정도에 불과해 용돈연금이라는 별칭을 가지고 있다.

은퇴 후 2인 부부 기준 한 달 생활비로 약 305만 원 정도가 필요하고, 노후 30년을 더 산다면 10억 이상의 자금이 필요한데, 노령인구들이 평균적으로 받는 연금 60만 원으로는 노후 준비에 턱없이 부족한 금액이다.

빌딩 투자는 마르지 않는 샘물

한 설문조사에 의하면, 은퇴를 앞둔 사람들은 미래에 대한 불안감으로 가장 많은 스트레스를 받는다고 한다. 직장인뿐만 아니라 자영업자들도 불투명한 앞날을 예측할 수 없기 때문에 미래에 대한 불안과 걱정이 높아만 가고 있다.

퇴직이 두렵지 않은 직장인이 되려면 어떤 준비를 해야 하는가? 경제적 자유를 위한 자동 시스템을 구축해야 한다.

2019년부터 15년 동안 매년 80만 명 이상이 정년퇴직을 한다는 통계가 있는데, 노후설계는 제대로 되어 있는가? 안타깝지만 수명은 90~100세로 길어지면서 노후준비가 되어 있지 않다면 재앙일 수밖에 없다. 은퇴할 시기가 다가오기 전에 재테크에 많은 공을 들이고 부동산도 공부해 보자, 공부하기 싫으면 부동산 멘토라도 찾아서 고급정보를 수집해 보자!

세상에는 무수히 많은 빌딩이 있다. 그 중에 주인없는 빌딩은 하나도 없다. 그리고 당신이 그 주인공이 되지 말라는 법도 없다. 지금 이 시간에도 많은 빌딩들이 새 주인을 만나 매매되고 있다. 언젠가 당신 차례도 올 테니 건물주의 꿈이 있다면 포기하지 말자. 하지만 제대로 된 방법을 모르면 금전적 손해를 감수해야 한다. 빌딩 투자 노하우는 공부해서 알고 나면 의외로 간단하지만, 공부하지 않으면 좋은 빌딩을 남에게 주게 된다. 어렵게 보유한 빌딩도 잘못하면 고가의 애물단지가 되는 법이니 공부를 멈추면 안 된다.

빌딩 투자 잘못 하면 노후생활이 괴로워질 수 있다

상업용 부동산은 잘 매수하면 노후 생활을 윤택하게 해 주지만, 자칫 잘못된 판단으로 잘못된 매수 결정을 할 경우는 돌이킬 수 없는 큰 손실과 함께 후회로 한숨짓는 경우도 많이 발생한다. 특히나 신도시에서 분양하는 분양상가는 정말 신중하고 또 신중하게 결정해야 한다. 위례신도시, 광교신도시, 청라커넬웨이, 송도 커넬워크 등 신도시에서 분양한 상가들 중 공실 상태가 아주 심각한 상황이 많이 발견되는 것은 그 만큼 부동산에 대한 공부를 게을리하지 말고 판단력을 키워서 정말 잘 결정해야 됨을 알려주고 있다. 일평생 어렵게 모아놓은 자금을 큰 마음 먹고 투자했는데, 잘못된 투자로 수익은커녕 원금조차 엄청난 손실을 입어 노후 생활이 도리어 어려워진다면 되겠는가? 상가건물 매입을 결정하기 전에는 꼭 믿을 만한 부동산 멘토에게 자문을 받고 투자는 아주 신중하게 잘 진행해야 되는 이유이다.

빌딩 투자 전성시대

2021년, 상업용빌딩 거래 사상 역대 최대, 35조 원을 기록하다

2021년 1월 31일자 〈데일리안〉기사에 따르면 "지난해 서울 상업·업무용빌딩 매매 35조… 역대 최고"에서 2021년 서울시 상업·업무용빌딩 거래액이 35조 원에 이르며 역대 최고치를 달성했다고 썼다. 기사는 프롭테크 스타트업 부동산플래닛이 국토교통부 실거래가정보 등을 분석한 결과를 인용하면서 이같이 보도했고, 이는 종전 최고치 27조 원을 기록한 2020년을 훌쩍 뛰어넘는 기록이었다.

부동산 플래닛이 발표한 자치구별로 매매거래량을 보면 ▲강남구(449건) ▲종로구(351건) ▲중구(331건) ▲마포구(323건) ▲용산구(269건) 순으로 조사됐다. 매매거래 금액은 ▲강남구(9조1000억 원) ▲중구(3조3000억 원) ▲서초구(3조3000억 원) ▲강서구(2조3000억 원)

▲마포구(2조2000원) 순이었다.

	1	2	3
전경			
건물명	힐튼호텔	이마트 가양점	삼일빌딩
매매가격	1조467억1,084만원	6,820억 원	3,939억 1,040만 원
매수자	이지스자산운용	현대건설	우협NH아문디운용
매도자	CDL호텔코리아	신세계	이지스자산운용
거래시기	2021.12	2021.06	2021.05
주소	중구 남대문로5가 395	강서구 가양동 449-19	종로구 관철동 10-2
지하철	1호선 서울역도보4분	9호선 증미역도보2분	1호선 종각역도보6분
단가 토지면적기준	184,445,500원/평	98,575,800원/평	693,613,000원/평
건물면적기준	41,761,600원/평	42,464,400원/평	37,194,100원/평
주용도	숙박시설	판매시설	업무시설
용도지역	일반상업지역	준공업지역	일반상업지역
대지면적	5,674.9평	6,918.54평	567.91평
연면적	25,063.97평	16,060.5평	10,590.66평
규모	지하2층/지상23층	지하7층/지상23층	지하2층/지상31층
사용승인	1984.11	2000.02	1970.06

❖ 지난해 최대 매매금액을 기록한 건물은 12월 이지스자산운용이 인수한 중구 남대문로5가 '힐튼호텔'(1조467억 원)이었다.(© 부동산플래닛)

꼬마빌딩, 날개 달다

빌딩 투자가 본격적으로 각광을 받기 시작한 때는 베이비부머 세대 은퇴가 시작되는 시점부터라고 할 수 있다. 절대적으로 안전한 투자처라고 인식되던 주택이 2007~2008년 서브프라임 모기지론(미국의 주택모기지론)이 붕괴되어 세계금융을 심각한 위기로 몰아넣어 주택시장의 붕괴로 이어지자 투자자들은 아파트도 결코 안정적인 투자자산이 아니라는 인식과 함께 주택을 대체할 부동산으로 꼬마빌딩을 찾기 시작했다.

2008년부터 2021년까지 빌딩 시장은 아파트와 다르게 꾸준히 높은 가격으로 상승하였던 투자처였다.

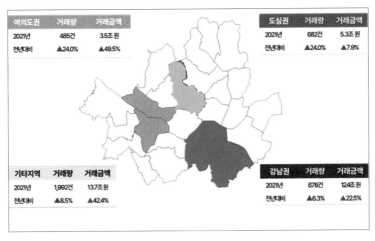

❖ 자치구별로 매매거래량을 보면 ▲강남구(449건) ▲종로구(351건)
▲중구(331건) ▲마포구(323건) ▲용산구(269건) 순으로 조사됐다.(© 부동산플래닛)

이 중 꼬마빌딩이 각광받는 이유는 다음의 요인을 꼽을 수 있다.

1) 은퇴한 베이비부머 세대들이 단순한 주거 기능만 하는 주택을 가지기보다 주거와 임대수익을 함께 거둘 수 있는 상가주택에 투자하기 시작했다.

2) 다주택자에 대한 정부 규제가 심해지면서 주택을 대체할 투자처를 찾는 사람들이 많아졌기 때문이다. 빌딩은 주택과 달리 여러 채를 가지고 있어도 상대적으로 규제가 덜하다.

3) 주택보다 빌딩이 상대적으로 정부정책 리스크 및 변동성이 낮아 안정적인 투자 상품이라는 인식이 생긴 요인이 있다.

4) 인플레이션에 의한 자산가치 하락을 방지하려는 사람들이 빌딩 투자로 눈을 돌리고 있다. 은행은 돈을 잠시 보관하고 있는 곳이라고 인식하는 사람들이 늘고 있다.

5) 빌딩 투자 경험이 없는 초보 투자자들도 손쉽게 접근할 수 있는 투자상품이 되었다. 예전의 빌딩소유자는 건물관리와 크고 작은 법률 및 세금 문제, 세입자와의 문제를 고려해야 하나, 지금은 전문적으로 빌딩을 관리해 주는 업체가 생겨나서 누구나 손쉽게 투자할 수 있는 재테크 상품이 되었다.

6) 빌딩은 소유주 본인의 의지와 노력으로 자산가치를 얼마든지 상승시킬 수 있다. 리모델링과 우량임차인 유치, 보증금과 임대료 상승에 이은 자산가치의 증대가 가능하게 되었다.

7) 가족이 공유지분 형태나 혹은 가족법인으로 매입해 사전증여를 할 수 있기 때문에 합법적으로 절세하는 길이 열리게 되었다. 절세 상품으로도 가치가 높다.

8) 꼬마빌딩을 대출을 끼고 매입하여 사옥으로 사용하는 것이 임대료를 지불하고 사용하는 것보다 훨씬 더 경제적이라는 인식이 높아지고 있다. 저금리 시절에 임대료를 내느니 차라리 대출이자를 내는 것이 훨씬 유리하다는 판단이고, 덤으로 빌딩의 자산 가치까지 올라가니 매입을 주저할 이유가 없

다고 생각한다.

9) 빌딩보유는 성공을 상징하는 아이콘이 되었다. 건물주의 프라이드를 위해서도 투자를 많이 한다. 특히 유명 연예인과 스포츠 스타들의 성공담이 많이 알려져 꼬마빌딩의 홍보가 자연스럽게 되고 있다.

코로나 팬데믹 시절엔 소규모 빌딩 투자는 저금리로 인한 시중 유동성 확대 등에 따른 투자수요 증가로 매매 거래가 활발하게 이루어지면서 임대수익보다는 자산가치 상승을 기대하는 투자가 엄청나게 많이 늘어났다. 임대료보다 매매 가격이 빠르게 상승하면서 임대수익률은 떨어지고 자본수익률은 상승하는 상황이 연일 지속되고 있었다. 바야흐로 꼬마빌딩 투자의 전성시대가 된 것이다.

대형빌딩 매매 현황

지난해 최대 매매금액을 기록한 건물은 2021년 11월 게임회사 크래프톤이 매수한 성동구 성수동2가 333-16번지 이마트 본사로, 매매 금액만 1조2000억 원이었다. 이어서 12월 이지스자산운용이 인수한 중구 남대문로5가 힐튼호텔 1조467억 원, 그해 6월 현대건설이 사들인 강서구 가양동 이마트가 6,820억 원으로 그다음 순위를 차지했다. 현대건설은 이곳 부지를 지식산업센터와 상업시설 등이 들어오는 오피스타운으로 개발할 계획이고, 기존 이마트는 새 건물에 분양을 통해 재입점한다.

4위는 청계2가 교차로 사거리에 자리한 삼일빌딩이 차지했다. 이전 소유자는 이지스자산운용으로, 2018년 1,780억 원에 매입했고 3년 후인 2021년 5월 NH아문디운용에 3,940억 원에 매각했다. 그 뒤를 이은 빌딩은 저자가 중개를 완료한 건으로, 영림화학이 매입한 역삼동 825-17, 33번지 강남역 1번 출구 앞 영림빌딩(구 테헤란빌딩)이다. 이 빌딩을 2021.4.6일에 2,110억 원에 매각하였다. 나 자신도 이렇게 큰 빌딩을 매도와 매수자 양쪽을 중개하여 계약하리라곤 전혀 생각하지 못했었다. 2021년도에는 그만큼 빌딩들이 많이 매각이 되었음을 의미한다.

국내외 글로벌 기업들이 선호하는 안전자산은 부동산이다

매년 엄청나게 벌어들이는 천문학적인 수익을 불안정한 현금자산으로 묶어 놓을 수는 없다.

결국 기업들이 기업운용자금과 발전자금을 제외한 대부분의 자산을 인플레이션을 헤지하고 자산가치를 안전하게 보전할 수 있는 수단으로 최고의 선택은 환금성이 뛰어난 우량입지에 소재한 부동산에 묻어 놓는 방법밖에 없다. 기업이 필요할 때 운용자금으로 사용해야 되다 보니 부동산의 환금성을 고려하여 항상 매각하기 수월한 매물을 찾다 보니 상대적으로 저평가되었으면서도 입지가 가장 양호한 지역을 선호할 수밖에 없다. 결국 부동산의 가치는 입지 가치이고 입지 좋은 매물이 비싸지만 더 상승할 수밖에 없는 이유이다.

빌딩 투자 전성시대

코로나 팬데믹으로 무제한 살포하던 자금들이 과도한 유동성으로 인해 실물자산인 부동산에 엄청나게 모이면서 인플레이션 헤지 수단으로 빌딩 투자에 많은 수요가 발생해 엄청난 가격상승을 이끌었다. 거기에 더해 유동성이 과도하여 오른 물가를 잡기 위해 고금리 정책을 펴면서 현재는 '물가와의 전쟁'을 치르고 있다. 하지만 한 번 올라간 부동산가격은 약간의 조정기를 거치고 지금은 다시 안정기로 가고 있다.

자본주의가 망하지 않는 이상 경기가 호황일 때, 혹은 인위적 경기부양을 위해 엄청난 자금을 살포하여 유동성 확대로 빚어진 물가상승 기조에서는 항상 인플레이션 헤지 기능으로 부동산 가격의 상승을 피할 수 없는 것이 정형화된 사이클이다. 이러한 풍부한 자금 유동성과 호시절 경기가 빌딩 투자 전성시대를 이끌고 있다.

2장

빌딩 투자
이렇게
준비하자

연령별
포트폴리오 계획

빌딩 투자는 곧 자산을 만드는 과정

앞으로 100세까지 수명이 늘어나는 100세 시대가 도래할 것이라고 한다. 60세에 은퇴를 하였다면, 향후 30~40년을 더 살 여유 자금이 있어야 한다는 소리다. 직장에 취직하고, 결혼을 준비하고, 집을 장만하고, 자녀를 부양하고, 향후 맞이할 준비된 노후를 대비하지 않으면 매우 '당혹스러운' 결과를 맞이할 수도 있다는 소리다.

노후 대비에 최상의 자산은 부동산 중 단연 빌딩일 것이다. 빌딩(Building)은 말 그대로 'Build + ing', 즉 자산을 만들어가는 과정이다. 매일 계획을 세워서 조금씩 준비해 간다면 어느 순간에는 시드머니가 만들어지고 이 조그마한 소액의 종잣돈이 향후 투자할 씨앗이 되지 않겠는가? 연령별 포트폴리오 계획을 차근차근 잘 준비한다면 자산을 갖추는 일은 그리 먼 남의 이야기만은 아닐 수 있다. 그렇게 자산을 쌓다가 종국에는 나만의 돈을 벌어주는 자동 장치인 빌딩을 소유하는 주인이 될 날이 다가올 수도 있지 않겠는 가….

연령별로 포트폴리오를 계획하라

우리 인생을 100세 시대로 맞춘 생애주기를 토대로 부동산 투자를 위한 준비계획을 짜보자. 사회에 진출해 첫 직장생활을 하는 시기부터 노후까지 생애주기를 그린 뒤, 이를 연령별로 나누어 포트폴리오를 작성해보면, 처음에는 노동을 바탕으로 벌어들인 근로소득을 레버리지로 삼아 토지와 자본을 준비하는 발판이 되는 작은 투자부터 하나씩 시작하여 자본소득이 나의 소득을 만들어가는 그림을 차근차근 그려 볼 수 있다.

그럼 100세 시대에 맞춘 나이대별 빌딩 투자 플랜은 어떻게 세워야 할까? 단계별로 살펴보자.

20~30대, 내 집 마련의 토대를 준비하라

사회에 첫 출발을 내딛는 시기가 남자는 군 병역을 마친 24세부터, 그리고 여성은 보통 20세부터라고 보면 된다. 이 시기는 직장을 구하고 사회인이 될 준비를 한다(그러나 2021년을 기준으로 대학 진학률이 여성 81%, 남성 76%에 달하므로, 실제 사회진출 나이는 이전보다 3~4년 늦어졌다고 보아도 무방할 것이다).

사회에 진출해 직장을 구하면서 대개는 내 집 마련을 위한 단초를 쌓게 된다. 이때 가장 많이 하는 것이 주택청약저축, 주택청약예금, 주택청약부금이다. 이 세 가지 중 하나를 정해 매달 10만 원씩 불입하기 시작하자. 자금이 1,500만 원 이상 모이면 첫 투자를 할 기회가 마련되므로 좀 더 여유가 있다면 15~20만 원씩 불입 금액을 높이는 적금에 가입할 것을 추천한다.

30~40대, 내 집 마련을 실천하고 소액투자를 시작하자

이 시기는 안정된 직장생활을 기반으로 내 집 마련을 실천하는 시기다. 그리고 일반적으로 결혼생활을 시작해 자녀를 낳는 시기이기도 한다. 생애 첫 주택을 마련하는 때인 만큼 각자 동원 가능한 준비금과 소득수준에 맞는 곳에 청약하거나 매입하는 일이 중요하다.

내 집 마련에 성공한 뒤에는 자녀 교육과 병행하여 노후 준비까지도 설계해야 한다. 노후 대비는 별도의 시간을 내서 꾸준히 공부해서 준비해야 앞으로 다가올 100세 시대를 충분히 대비할 수 있다.

만약에 정말 운이 좋아서 부모로부터 증여나 상속을 받은 재산이 있다면 이를 다양하게 활용해볼 수 있다. 서울에 소재한 아파트의 경우 지역과 평수에 따라 가격 차이가 있지만, 만약 20~30억대의 아파트를 보유 중이라면 매월 일정한 소득이 나오는 상가주택이나 상가빌딩으로 갈아타는 것도 고려해볼 만한 전략이다. 전략만 잘 짠다면 노후대책용으로는 아주 탁월한 선택이 될 것이다. 이 경우는 믿을 만한 빌딩 전문가의 자문을 구할 것을 권한다.

40~50대, 수익형 부동산 투자로 재테크하자

우리나라 근로자의 법적 정년은 60세다. 그러나 통계청의 2021년 5월 고령층 부가조사 결과에 따르면 취업 경험이 있는 55~64세까지 고령층 인구가 가장 오래된 일을 그만둔 평균 연령은 49.3세였다고 한다("72세까지 일하고 싶은데… 평균 49세", 〈MBC 뉴스투데이〉, 2021.7.29.).

이는 단지 대기업에만 국한된 상황은 아닐 것이다. 기업에 근무하는 사람의 경우 45~48세 정도가 되면 임원급으로 승진을 하거나 아니면 퇴직을 하는 경우가 다반사이기 때문이다. 50세도 안 된 이 시기에 퇴직을 한다면 가정 경제에 상당한 타격이 불가피할 것이다. 가장 나이 마흔 후반이면 자녀들이 아직 독립하지 않았을 시기이므로 생계를 위한 치킨집 창업은 최악의 선택이 되어 기존에 가지고 있는 자금마저 다 까먹고 빈손으로 노후를 맞이하는 최악의 상황이 생길 수도 있다. 이러한 상황이 오기 전에 미리미리 재테크에 관심을 가지고 자본이 나를 대신해서 돈을 벌어주는 시스템에 관심을 쏟으며 지속적으로 준비를 해두어야 한다. 퇴직이 얼마 남지 않은 분이 있다면, 꼭 믿을 만한 재테크 전문가 3~4인 정도를 만나서 깊이 있는 상담을 해보는 것이 좋을 것 같다.

50~60대 소유 부동산 포트폴리오 재구성

50~60대는 모아 놓은 자산을 분석하고 리모델링하는 시기이다. 부동산 투자가라면 지금까지 투자한 부동산 투자 현황을 분석하여 매각할 것과 장기적으로 끌고 갈 것을 구별하고, 금융자산가라면 자산을 재배치하여 노후에 매월 고정적인 이자수익이 나올 수 있도록 전반적인 자산을 리모델링해야 한다. 이 시기는 자녀들 교육과 결혼 등으로 지출이 많아질 수 있는 시기이므로 부동산에서는 주택과 주택 이외의 물건을 구별하여 자산의 포트폴리오를 재구성할 필요가 있다.

60대 이후, 노후 생활 진입 단계

앞으로 100세 시대엔 준비된 노후를 맞이해야 한다. 60세 이후에도 정신 건강과 육체 건강을 위해 자기 직업을 가지고 일하는 것은 사회적으로도 적극 권장할 일이다. 하지만 노후준비가 전혀 되지 않은 상태로 생계를 위해 전적으로 근로소득에만 의존한다면, 노후가 정말 힘겨울 수 있다. 이러한 시기가 오기 전에 소형상가나 꼬마 빌딩과 같은 자본소득이 나를 위해 일을 해주는 시스템을 꾸준히 준비하고 있어야 하지 않을까?

빌딩 투자 준비는 먼저 내집 마련에서부터 시작해야

다시 한번 요약해서 말하자면, 빌딩 투자든 소액투자든 대형투자든 투자를 하기 위해서는 기본적으로 자기 집 장만을 먼저하는 게 필요하다. '자가주택 소유'가 주는 경제적 안정감은 그 무엇과도 비할 수 없다. 따라서 직장에 취직하면 제1목표로 집 장만을 위해 청약통장에 가입하고, 월급을 모아 종잣돈을 준비해 가는 것부터 시작해야 한다.

빌딩 투자는 이처럼 아주 작고 소박한 내집 마련에서 시작되는 것이다. 서울 집값이 천정부지로 솟았다고 좌절할 필요는 전혀 없다. 그 시간에 나의 자산을 만들 수 있는 조그만 투자처, 투자방식을 찾는 일에 시간을 쏟는다면 경제적 자유는 남의 이야기가 아니라 바로 나 자신의 이야기로 되돌아올 수 있게 될 것이다.

경제적 자유는 돈만 많은 부자가 아니라, 돈과 시간이 여유로운 부자이다. 부자의 사고방식과 부자의 투자패턴을 벤치마킹해야 하는 이유가 바로 여기에 있다. 부동산 투자는 여러 재테크 수단보다 가장 안정적이며 화폐가치 하락에 따른 인플레이션 헤지 수단이 될 수 있는 방편이다. 더불어 임대수익과 시세차익도 기대할 수 있어서 일거양득의 탁월한 투자처이다.

개인, 법인투자, 무엇이 유리한가

강남에 소재한 빌딩들의 등기사항전부증명서(등기부등본)을 열람해 보면 법인 소유로 된 부동산이 압도적으로 많은 것을 볼 수 있다. 자산가들은 왜 법인 명의로 빌딩을 매입하고 있을까?

자산가들이 법인을 어떻게 활용하고 있는지, 그리고 법인으로 운용할 경우 장점은 무엇인지를 알아본다면 여기에 그 정확한 해답이 있다.

법인으로 빌딩을 소유 및 투자할 경우 장점

첫째, 법인 소유로 부동산을 매각할 경우 개인으로 매각할 경우보다 훨씬 절세효과가 높다.

꼬마빌딩이나 중대형 빌딩을 취득 후 장기간 보유한 뒤 매각시 과표금액에 따라 세금은 개인사업자 양도소득세비율 6%~45% 누진세율로 적용받고, 법인사업자 법인세율 2억 원까지는 9%, 200억미만 19% 법인세율을 적용하여 개인보다 법인이 절세 효과가 훨씬 크다.

예를 들어, 강남 소재 역삼빌딩을 매각 후 총매매대금에서 취득가격과 모든 경비를 제외한 순 양도소득 과세표준이 20억 원이라면, 개인사업자는 세율 45%를 적용 후 누진공제액 6,540만 원을 뺀 금액 8억3,460만 원을 양도세로 납부해야 하고,

[(20억×45%)-6,540만 = 8억3,460만]

법인사업자는 세율 19%를 적용후 누진공제액 2,000만 원을 뺀 금액 3억6,000만 원을 법인세로 납부해야 한다.

[(20억×19%)-2,000만 = 3억6,000만]

똑같은 양도차익 금액이라도 개인이 내는 양도세보다 법인으로 납부한 법인세가 약 4억7,460만 원의 절세를 하여 이 여유자금을 다시 적립하여 재투자를 할 수 있으니, 투자재원으로 활용하기에는 개인보다 법인이 아주 유리한 구조라 할 수 있다.

부동산 자산가 대부분은 개인 근로소득과 개인 사업소득, 이자

소득, 배당소득 등을 많이 내고 있다. 이미 세금을 많이 내고 있는데 빌딩을 개인소유로 하여 빌딩에서 발생하는 임대소득까지 개인으로 부담할 경우, 우리나라는 누진세율체계로 개인의 전체 소득에 임대수익까지 합산해서 6%~45% 구간의 세금을 내야 한다.

그런데 부동산 임대소득을 아무리 많이 올려봤자 소득의 절반이 세금으로 나가니, 그렇게 하는 것보다 부동산법인을 통해서 임대수익을 받으면 9~19% 구간의 세금만 내고 나머지 절세한 자금은 다시 적립하여 투자 재원으로 사용할 수 있게 되어 재테크에는 개인보다 법인이 훨씬 유리한 구조이다.

개인으로 매도했을 때 더 많이 나갈 수 있는 양도소득세를 부동산법인의 낮은 법인세율로 납부하고, 절세한 돈을 다시 적립하여 재투자하는 재원으로 사용할 수 있다. 이러한 절세 및 투자재원 적립을 목적으로 부동산법인을 많이 활용하는 추세이다. 그렇기 때문에 고소득자일수록 부동산법인에 대해 반드시 공부하고 고려해보는 것이 좋다.

어떤 사람은, 법인이 세율이 낮은 것은 사실이지만 법인에서 개인으로 자금을 이동할 때 어차피 또 세금을 내야 하므로 결국 개인으로 취득하는 것하고 엇비슷하다고 말한다. 결국은 조삼모사라는 말을 하는데, 이건 부동산 투자의 진짜 묘미를 제대로 몰라서 하는 말이다.

대부분의 일반 법인들도 개인사업자보다 법인을 선호하는 이유는 낮은 세율을 절세로 활용해서 유보소득을 많이 쌓고, 이 잉여금을 가지고 사업확장을 하기 위해서 법인제도를 적극 활용하고 있음이다. 부동산 법인도 일반 법인과 같은 이치로 절세목적으로 법인을 운용한다고 보는 것이 타당하다.

둘째로 임대소득이나 이익잉여금을 월급이나 배당으로 받지 않고 유보할 수도 있다.

만약에 본인이 부동산 임대수입 외에 다른 소득이 많은 고소득자라면 굳이 법인에서 돈을 받을 필요가 없다. 법인에서 월급 형태로 돈을 받으면 세금만 많이 낼테니 법인에 무보수를 신청하여 자금이 계속 축적되도록 할 수가 있고, 만약에 돈이 필요하다면 급여 형태 말고 배당형태로도 받을 수가 있다.

셋째로 상속세, 증여세를 절세할 수 있다.

부동산 법인을 가족 법인으로 구성하는 이유는 상속세와 증여세가 아주 유리하게 작용하기 때문이다.

자산가들이 상속세, 증여세를 절세하기 위해 가장 많이, 자주 활용하는 방법이다.

주식회사가 부동산을 가지고 있다는 의미는 부동산의 가치가 주식으로 바뀌었다는 의미로, 개인의 경우 자식에게 부동산을 증여하고 싶을 때 증여계약서를 작성하고 등기소에 가서 등기이전을 한다. 그러면서 취득세를 내야 되는데, 꼬마빌딩도 가격이 몇십~백억씩 하다보니 취득세도 엄청나게 큰 금액이다.

그런데 주식회사가 주식으로 가지고 있는 부동산을 자녀에게 이전할 경우는 주식으로 증여하는 경우에 해당되며, 한 주에서 백주, 천 주에 이르기까지 상당히 오랜 생애주기 동안 나누어서 증여가 용이하여 주식을 조금씩 증여하면서 사전증여를 할 수가 있어 증여세금 절세가 가능하다. 또 일찍부터 조금씩 증여해 왔기 때문에 상속세도 줄일 수 있는 요인이 많이 생긴다. 자녀들이 주식을 받았을 때 증여세를 낼 돈이 필요한데, 매년 자금 출처가 완전히 입증되는 배당소득을 자녀에게 지불하여 증여세를 내는 재원으로 활용할 수도 있다.

넷째로 자녀들의 무분별한 자산 낭비를 사전에 차단하는 효과가 있다.

이렇게 주식을 증여해서 법인 주식 형태로 갖고 있게 하면, 모든 임대수익이나 매매차익이 법인에 귀속되게 된다. 그런데 부모가 자녀에게 개인명의로 부동산을 증여하게 되면 자녀는 어린 나이에 불로소득이 생기게 되어 안 좋은 영향을 끼치는 경우가 많이 있다.

그 돈을 가지고 자산을 형성하는 데 쓰지 않고, 슈퍼카를 산다거나 돈을 다 탕진한다거나 하는 경우들이 많기 때문에 부모들이 사전증여나 일찍 증여를 하는 것을 고민하는 이유도 이런 부정적인 측면이 분명히 있기 때문이다. 그런데 이런 경우 법인으로 주식을 증여하면 부모가 통제권을 가지면서 자녀들의 자산 낭비 리스크 같은 부분을 막을 수 있다는 장점이 있다. 이렇게 할 경우 자녀도 자연스럽게 부자가 될 확률이 높아진다.

다섯째로 개인보다 법인으로 할 경우 건강보험료 절감의 효과가 크다.

2023년 들어서 건강보험료 요율은 7.09%가 되었다. 건강보험료는 거의 매년 올라가는 추세이고 납부하지 않으면 안 되는 거의 준조세 성격으로, 개인이 중대형 빌딩에서 나오는 임대소득을 받고 있다면 지역보험료가 폭탄 맞는 수준으로 엄청 많이 나오므로 부동산 소득을 법인으로 할 경우 건강보험료를 줄일 수 있는 장점이 있다.

여섯째, 법인의 경우 퇴직금 및 경조사비 등의 수령도 가능하여 가족법인으로 할 경우 아버지가 대표이사, 아내가 이사 아들과 딸들을 주주로 등재하고 업무를 보는 것으로 하여 매달 월급을 지불하고 향후에 퇴직금도 지불할 근거를 만들어 주게 되어 자금을 활용하기가 훨씬 용이해진다.

정관이나 규정에 복리후생비 조항을 잘 만들어 놓으면 자녀들 학자금이나 경조사비, 사망 시 유족보상금 등을 유가족에게 잘 남겨 줄 수도 있다.

가족법인의 경우에는 지분비율대로 배당을 하지 않고 차등배당을 활용하여 자녀에게 더 많이 배당금을 몰아주는 형식으로 가면 자녀들이 나중에 주식을 취득하든 부동산을 취득하든 투자 재원을 만들어 주는 효과가 발생할 수도 있다.

일곱째, 법인이 개인보다 대출이 훨씬 더 용이하다.

개인보다 법인이 당연히 대출이 잘 나오며, 법인은 투자유치 하기가 수월한 구조로, 투자 받고 주식을 발행하기 때문에 투자유치를 원할 경우는 처음부터 법인으로 사업자 개설을 하는 게 맞다.

이러한 사업적인 부분을 고려해서 법인을 많이 활용하고 있는 추세이다.

부동산법인을 운용할 경우 주의할 점

법인계좌의 돈을 마음대로 빼가면 횡령 문제가 발생할 수 있으므로 법인자금을 활용할 일이 생길 경우 대여금 형태로 활용하거나 혹은 다른 목적이라면 법률적 자문을 구해서 사용해야 한다.

부동산법인을 기회이자 수단으로 잘 활용하면 득이 되고, 모르고 잘못 활용하면 문제가 생길 수도 있다.

부동산법인은 단점보다 장점이 많고, 새로운 투자의 수단으로 활용할 수 있는 부분이 많기 때문에 반드시 공부하고 연구해 볼 가치가 있다.

상권,
제대로 분석하고 공략하기

부동산의 가치는 첫째도 입지, 둘째도 입지, 셋째도 입지이다.

매입 대상 빌딩의 입지를 정확하게 분석하려면 상권 분석이 먼저 선행되어야 빌딩의 가치 등을 제대로 파악할 수 있다.

상권이란?

상권은 살아 꿈틀거리는 생명처럼 성장하고 쇠퇴하고 다시 재활성화 되는 사이클로 상권 지형도를 계속 변화시키며 진화해 왔다. 이러한 상권에 큰 충격을 준 코로나 19의 확산은 서울의 5대 핵심상권, 즉 강남역, 홍대역, 건대입구역, 신촌역, 명동역 등과 대부분의 상권을 지난 몇 년간 엄청난 침체기로 몰아넣었고 생존을 위한 새로운 변화를 일으키게 만들었다.

코로나 팬데믹으로 오죽하면 외식업계의 킹메이커 백종원 대표가 운영하는 강남대로변 소재 〈본가〉와 논현동 먹자거리 〈한신포차〉조차 폐점해 '백종원거리'란 이름을 무색하게 만들어 버렸을까. 이러한 위기 뒤에 꼭 기회와 변화가 있었듯이, 우량임차인들은 상대적으로 임대료 가격이 저렴하고 개발 호재가 있는 새로운 시장을 찾아 끊임없이 이동하며 상권을 변화시키고 선도하여 왔다.

상권의 종류와 분석, 현황

상권은 입지를 기준으로 크게 7가지로 나뉜다. 시내 중심가, 역세권, 아파트단지, 대학가, 오피스가, 일반주택가, 학원가 상권이다. 다음은 우리나라 대표적인 상권을 중심으로 상권별 특색을 살펴보겠다.

강남역 상권(시내 중심가 상권)

강남역이 주는 입지 가치는 엄청나다. 저자가 2021년 4월 6일에 강남역 1번 출구 앞 역삼동 825-17번지 영림빌딩(구, 테헤란빌딩)을 2,110억 원이라는 그 높은 매매가격에도 불구하고 매도자와 매수자 양측이 모두 만족하는 계약을 체결시킬 수 있었던 이유는 강남역이 가지는 입지 가치와 향후 미래가치 투자에 대한 강한 믿음 때문일 것이다.

강남역은 우리나라를 대표하는 최고 상권이다. 그러나 불과 몇

십 년 전까지만 해도 강남은 아주 낙후된 지역이었다.

그런 강남에 1960년대 말부터 변화의 바람이 불기 시작했다. 강남 개발과 경부고속도로의 개발이 도화선이 되어 강남은 천지 개벽의 길로 들어서게 된다. 강북에 위치했던 서울의 명문 고등학교인 경기고등학교와 휘문고, 서울고, 경기여고에 이르기까지 15개 학교가 지금의 강남 4구(강남, 서초, 송파, 강동)로 이전해 왔다. 강북의 고속버스터미널이 강남으로 이전하여 강남의 개발을 촉진하였다. 여기에 지하철 2호선의 개통은 강남의 개발을 가속화시키는 계기가 되었다.

1990년대까지만 해도 강남의 집값은 강북과 큰 격차가 없었다. 실제로 강남 집값이 주변부와 본격적으로 격차를 벌리기 시작한 것은 2000년대 초반부터다. 지금의 강남대로에는 강남역에 삼성그룹 본사가 입지해 있고, 국내 유수 기업들이 줄줄이 입점하여 강남 일대는 대한민국에서 가장 비싸고, 화려한 시내 중심가 상권의 대표격이 되었다.

강남역 상권을 구분한다면, 강남역 사거리에서 교보타워 사거리(신논현역)까지는 유명 SPA패션업체들로 이뤄진 상권이다. 강남역 사거리에서 우성아파트 사거리까지는 대형 오피스빌딩들이 몰려 있는 전형적인 오피스 상권으로 구분할 수 있다. 대로변을 접한 이면도로에는 각종 먹거리 및 술집, 유흥가 상권으로 형성되어 있다. 대로변 패션업체들로 이뤄진 상권은 20~30대 젊은 층이 주로 이용하는 곳이고, 오피스 상권은 30~50대 사람들의 이용이 많은 비율을 차지하고 있다. 여기에 월드스타 싸이의 강남스타일이 전 세계적으로 선풍적 인기를 끈 이후부터 더욱 글로벌한 상권으로 도약한 강남역 상권은 앞으로도 지속적인 상권의 발전이 예상된다.

명동 상권(시내 중심가 상권)

명동의 화려했던 시절도 잠시, 코로나 팬데믹과 사드(고고도 미사일 방어체계) 배치로 중국인 관광객이 급감한데다 코로나 영향으로 명동은 외국인 내국인 할 것 없이 유동인구가 줄어들고 점포들이 줄줄이 문을 닫으면서 유령도시를 연상케 할 정로도 쇠락의 길을 걷고 있었다.

그러나 2023년 초부터 코로나 종식을 선언하면서 외국인 관광객들 중 특히 중국인 단체관광이 허용되고, 내국인들의 발길이 이어지면서 다시 상권이 활기를 띠고 있다. 위기 뒤에 항상 기회가 있어 왔듯이, 현재 거의 반값에 나와 있는 급매물건들은 다시 한번 노려볼 만하다.

명동은 일제강점기인 1923년 이후부터 충무로 일대를 상업지구로 개발하면서 서울의 번화가가 되었고, 그 후 광복과 6.25전쟁을 전후한 시기에 여전히 문화와 예술의 중심지로 자리 잡은 대표적인 중심상권이다.

2000년대 들어서면서 한류의 씨앗에 힘입어 일본 관광객을 유치하기 시작한 덕분에 1990~2000년대까지 글로벌 브랜드와 국내 유명브랜드들이 앞다퉈 입점하여 핫플레이스로 각광받았다. 2010년대 들어 명동은 중국인, 동남아 관광객까지 가세하면서 내국인 대신 외국인 관광객들이 찾는 명소로 또 한 번 탈바꿈했다. 대한민국 상업용 공시지가 상위 1~10위까지 중 7~8개가 몰려 있는 금싸라기 땅으로 월 매출 1억 원이 넘는 점포들이 즐비했다.

10여 년 전에는 현재 우리은행 자리 중구 명동2가 33-2번지가 가장 비싼 토지였는데, 지금은 중구 충무로1가 24-2번지 네이처리퍼블릭이 최고 개별공시지가로 기록되어 있다. 상권의 입지는 항상 변하고 있다는 것을 실감하게 한다.

2023.9월 현재 명동에 소재한 빌딩들 중 상당수가 매매로 진행이 되고 있지만 아직 매각이 활발하진 않다. 저자가 전속매매로 진행 중인 중구 명동2가 52-##번지 매물은 감정가격보다 많이 낮은 급매가격으로 진행하고 있어서 자금력이 있는 사람은 지금이 매입 최적기라고 판단한다. 어차피 상권도 항상 변화되고 있기 때문에 어려울 때 사야 좋은 가격에 살 수 있지 않을까? 지금이 명동 입성을 원하는 기업이나 브랜드 업체가 투자를 심사숙고 해봐야 될 때라고 판단된다.

잠실새내역 상권(역세권, 아파트단지 상권)

잠실새내역 상권은 잠실종합운동장과 새마을시장, 그리고 잠실엘스, 리센츠 트리지움, 레이크팰리스 등 아파트 단지를 배후지역으로 하고 있어서 유동인구가 항상 넘쳐나는 곳이다.

특히 한국시리즈 야구경기가 열리는 날이면 젊은이들이 모이는 스포츠의 메카 같은 곳이라 저녁엔 불야성을 이루기도 하고, 인근 잠실역 롯데월드와 인접해 있어서 놀거리, 먹거리, 즐길거리가 풍부한 데이트 코스로도 유명한 장소가 많다.

2015년 3월경에 60대 후반의 장○○ 회장님이 저자를 찾아와서 잠실역과 삼성역, 신림역, 서울역 인근으로 20~30억 전후로 빌딩매물을 찾고 있다고 하면서, 공실이 발생하지 않을 입지의 매물로 엘리베이터 설치가 필요 없는 3층 이내 최고 요지의 건물을 찾아 달라는 주문이 있었다. 잠실역과 잠실새내역 매물 총 7개를 찾아내어 분석을 하고 여러 차례 현장답사를 하던 중 잠실 먹자골목 초입 코너에 입지한 잠실동 185-12번지 3층 매물이 월세가 잘 나오고 공실 염려가 없는 우량매물임을 확인하고, 이 매물을 적극 추천해서 28억7,000만 원에 매매계약을 체결하였다. 이 빌딩은 새마을시장 초입에서 먹자골목으로 들어가는 사거리 코너에 입지한 매물로 향후 리모델링을 한다면 우량 카페가 들어올 수 있는 요지의 매물이었다. 당시 입점 업종이 지하에 노래방과 1층 식당, 2·3층을 스포츠 마사지가 입점한 매물이었고, 지금도 공실 없이 임대차가 잘 진행이 되고 있으며, 향후 유명 커피프랜차이즈가 입점한다면 이 빌딩의 가치는 최소 70억이 넘어갈 것으로 예상된다.

삼성역 상권

삼성역은 테헤란대로와 영동대로가 만나는 교차점에 입지한다. 남쪽으로 지하철 2호선이 종합운동장~선릉까지 이어져 있고, 북쪽으로 지하철 9호선 봉은사역이 가로지르고 있다. 향후 삼성역은 GTX-A노선 GTX-C노선과 KTX 동북부 연장선, 위례~신사선이 지나가고, 삼성~동탄 광역급행철도가 개통이 되며, 버스 80개 노선과 택시 환승시설이 설치될 예정이어서 강남역을 능가할 세계적 도시로 변모할 가능성이 상당히 높다.

영동대로 지하공간통합개발 기본구상 조감도(자료출처 : 서울시)

삼성역 개발호재로 현대차 GBC 50층 3개 동이 건립될 예정으로, 공사비용만 1조5,000억 수준으로 신축되며, 삼성역과 봉은사역 사이 597m 구간 지하복합환승센터가 개발되면 강남의 중심축이 강남역에서 삼성역으로 옮겨지는 셈이다. 지하 부분에 잠실야구장의 30배 규모에 달하는 연면적 16만㎡ 공간이 조성되고, 지하 1층은 버스와 택시정류장이, 지하2, 3층은 공공 및 상업시설, 지하 4층은 통합대합실, 지하5층은 광역철도인 GTX-A, GTX-C노선, 지하 6층은 경전철인 위례~신사선이 설치될 예정이다. 2025년도에 이 노선들이 완성될 경우 현재의 삼성역이 강남의 중심을 넘어서 대한민국의 중심으로 변모할 예정이다.

신촌(홍대)

1990년대 중반까지만 해도 홍대보다 신촌이 번화가 상권이었고, 홍대 앞은 홍익대학교를 중심으로 신촌과 이대 앞 상권에 비해 개발이 되지 않아 상대적으로 변두리 지역이었다. 그러나 1990년대 중반부터 신촌과 이대 앞 상권에서 비싼 임대료를 지불하며 영업하던 임차인들이 가격이 상대적으로 저렴한 홍대 앞쪽으로 조금씩 이동하기 시작하더니, 90년대 후반 신촌 상권이 쇠퇴하면서 홍대 앞이 새로운 상업지역으로 급부상하게 되었다.

그중에서도 가장 먼저 홍대 앞으로 이동한 사람들은 '문화예술인들'이었다. 기존에 신촌을 중심으로 활동했던 이들은 신촌의 유흥업소 단속 강화, 특색 없는 프랜차이즈의 등장, 유동인구의 증가, 임대료 상승 등을 피해 상대적으로 임대료가 저렴한 홍대 앞으로 활동 범위를 넓힌 것이다. 그러면서 1999년 라이브클럽의 합법화로 클럽을 중심으로 하는 언더그라운드 음악으로 젊은층들이 모이면서, 2002년 서울 프린지 페스티벌의 개최 등 홍대 앞은 그야말로 다양한 문화가 함께 공존하는 종합문화예술 지역이 되었다.

신촌은 이화여대, 연세대, 서강대가 인근에 있는 대학가 상권이지만, 당시만 해도 마포·여의도·시청 지역 직장인들까지 이곳을 자주 찾았다. 그러나 2000년대 들어 강남과 홍대에 클럽 문화가 자리 잡기 시작하면서 신촌·이대 상권은 서서히 쇠퇴일로에 접어들었다. 여기에 인터넷 쇼핑문화의 발달로 옷과 화장품을 사기 위해 신촌·이대 일대를 찾던 젊은 쇼핑객이 온라인으로 옮겨가는 현상까지 겹쳤다.

이태원, 경리단길

코로나가 진정 국면에 들어가자 방역기간 내내 활동에 제약을 받고 억눌려왔던 젊은 청년들이 핼러윈 축제를 해방의 출구로 모여들어 이태원 일대가 장사진을 이루었다. 그러나 모처럼의 자유를 만끽하려던 젊은이들이 한꺼번에 모이고, 감독 관청의 안이한 대응으로 인해 해밀턴호텔 좁은 골목으로 수많은 젊은이들이 몰리면서 안전문제가 발생해 159명이 압사당하는 어이없는 사고가 발생하였다. 현재 이태원은 정중동의 상태로, 과거의 영광을 재현하려고 안간힘을 쓰고 있다.

이태원은 미8군이 평택으로 이전하면서 외국인들이 이곳을 많이 떠나갔고, 이태원의 높은 임대료를 감당하지 못한 우량임차인들도 역시 많이 떠나갔다. 이태원이 침체기를 걷기 시작한 건 2018년부터다. 용산 미군기지가 이전하면서 외국인 인구가 확 줄어들었고, 이국적인 분위기가 사라진 탓인지 방문객도 자취를 감췄다. '서울의 핫플레이스'로 떠오른 후 터줏대감 역할을 하던 상가들이 급등한 임대료 부담을 감당하지 못하고 외곽으로 밀려난 것도 상권 침체에 한몫을 했다. 이러한 이태원이 다시 예전의 명성을 완전히 회복하려면 상당한 시일이 소요될 것 같다.

국군재정관리단(옛 육군중앙경리단)에서 언덕 꼭대기의 하얏트 호텔 앞까지 이어지는 약 900m 언덕길과 사이사이 골목길들. 서울 용산구 이태원동에 위치한 경리단길은 신생 골목상권의 대명사다. 서울 마포구 망원동의 '망리단길'과 송파구의 '송리단길', 경북 경주시 '황리단길', 부산 해운대구 '해리단길' 등 몇 해 전부터 전국에서 떠오르는 신흥 상권 모두가 경리단길에서 이름을 따왔다.

그러나 정작 '원조' 경리단길의 분위기는 심상치 않다. 메인 대로변 상가조차 불이 꺼져 있고, 사람들의 발길이 뚝 끊긴 가게에는 상인들의 한숨만 깊다. 2013~14년 무렵부터 외국에 온 듯한 이국적인 분위기의 개성 넘치는 가게들, 특히 당시로선 드물던 수제 맥줏집들이 자리잡으며 '핫플레이스'로 부상했던 곳이었다. 외지 손님이 몰려들고 임대료가 치솟으면서 처음에 동네 주민들을 상대로 오래 장사해온 슈퍼마켓, 세탁소, 과일가게 등이 밀려나고, 그다음엔 상권 형성에 기여한 점주들이 가겟세를 감당하지 못해 젠트리피케이션(원주민 이탈) 문제로 뜨거운 골목이기도 했다.

현지 상인들과 컨설팅전문가들은 경리단길 쇠락의 최대 원인으로 턱없이 높아진 임대료를 꼽는다. 방문객이 늘어난 5, 6년 전부터 상가 주인들은 점차 임대료를 올렸다. 한국감정원이 다년간 서울 주요 지역의 임대료를 분석한 결과 경리단길 상승률이 10.16%로 가장 높았다. 같은 기간 전국 평균(1.21%)은 물론 서울 평균(1.74%)보다도 6배 높다. 일각에서는 이곳 임대료가 최근 4년간 40% 올랐다는 주장도 나온다. 결국 경리단길을 키웠던 상인들이 비싼 임대료를 감당하지 못해 하나둘 골목을 떠나는 젠트리피케이션 현상이 벌어졌다.

경리단길이 고유한 특색을 잃어버린 탓에 경쟁 상권에 유동인구를 많이 빼앗겼다는 분석도 나온다. 경리단길을 명소로 만든 개성 있는 가게들이 높은 임대료에 의해 밀려난 이후, 빈 자리를 채운 상점들이 기존의 차별화된 개성있는 이미지를 지켜내지 못해, 이 지역에 들어온 점포들은 식당, 옷 가게, 네일아트숍, 뽑기방 등 특색 없는 업종 일색이라는 지적이 나온다. 상권이 다시 예전의 모습으로 회복되려면 상당한 자구노력과 시간이 걸릴 것 같다.

압구정 로데오거리 가로수길

압구정 로데오거리는 비싼 임대료를 견디지 못한 임차인들이 가로수길로 떠나면서 젠트리피케이션으로 망했던 거리였다. 이 거리를 다시 활성화시킨 비결은 무엇일까? 압구정 로데오거리 빌딩주들이 모여서 월세를 반으로 인하, 착한 임대료를 받고, 건물주들이 거리의 조명을 밝히고 상권 활성화에 대한 구체적 계획을 세웠다. 구청과 시청도 상권 활성화에 측면 지원하도록 약속을 받았다. 이러한 노력으로 예전에 거리를 떠났던 외식업과 패션업종이 다시 압구정로데오 거리로 모이기 시작했다.

이러한 영향으로 우량임차인들도 서서히 입주하기 시작했고, 관광객들도 다시 모이기 시작했다. 이 거리 인근은 삼성 이건희 회장이 매입한 청담동 78-6번지 비이커 건물을 비롯한 삼성가와 유명 연예인들이 고가빌딩을 많이 소유하고 있는 지역이기도 하다. 앞으로 압구정 한양아파트와 현대아파트 등이 재건축을 할 예정이어서 강남과 대한민국의 부촌을 대표하는 상권으로 명성을 이어갈 수 있다.

현재 가로수길은 임대료가 너무 많이 올라서 많은 임차인들이 가로수길을 떠나고 있다.

저자가 매매로 진행했던 신사역 8번 출구 앞 신사동 513-4번지는 대지 98.9평, 연면적 257평으로 대지면적 기준 평당 5억2,000만 원에 매각이 완료되었다. 타 부동산에서 중개하였지만 가로수길 인근 빌딩 가격의 위력을 실감하는 순간이었다. 2023.09월 현재 가로수길 메인 길은 평당 2억5,000~3억5,000만 원으로 형성되어 있다. 이 정도 매매 시세가 형성되려면, 건물 연면적 기준 평당 임대료가 40만/평~80만/평이 되어야 하는데, 임차인들이 이정도의 월세를 감당하기에는 상당한 무리가 있을 수밖에 없는 구조의 함정에 갇혀있다. 월세가 더 조절되지 않는다면 임차인들의 엑소더스는 더 가속화될 수도 있다고 본다.

압구정역 상권의 부활

압구정역이 강남역을 누르고 상권 1위 자리를 탈환했다. SK텔레콤은 빅데이터 분석 플랫폼 지오비전을 통해 올해 상권별 매출, 유동인구 등을 비교 분석한 2021년 대한민국 100대 상권을 뉴스룸에서 최초 공개했다. 이번 조사는 전국 업소 밀집지역 1,000여 개 지역을 추려낸 후 월평균 매출을 기준으로 상위 100개 상권을 선정했다. 압구정역 상권은 하루 평균 136억 원의 매출을 기록했다. 일평균 유동인구는 23만 명으로 전국 31위 수준이지만 유동인구당 매출 기준으로는 약 59,000원으로 국내 1위다. 압구정역 상권은 명품매장, 고급 레스토랑, 미용, 병원이 밀집되어 있는데, 코로나로 내수 소비가 고급화되는 현상의 수혜 지역이 되었다. 강남역 주변이 주춤한 반면 압구정 상권은 오히려 큰 폭으로 성장한 것이다.

압구정역을 기점으로 을지병원 사거리까지 도로변에는 성형외과가 주로 많이 자리 잡고 있어, 한때 중국을 포함한 아시아 여러 국가에서 원정 수술을 많이 오던 의료상권으로, 지금도 꾸준히 활발한 유동성을 자랑하며 상권이 활성화되고 있다.

지방에도 훌륭한 상권들이 많이 있다

저자는 2018년 7월 말에서 8월 초까지 MTB 자전거로 국토종주길을 완주한 적이 있다. 인천 아라뱃길에서 서울 한강 여의도를 거쳐 잠실대교, 팔당대교를 넘어 수안보온천, 상주 문경새재를 넘어서 대구광역시를 거쳐, 부산 하구둑인 을숙도까지 장장 633km를 7박 8일 만에 달려서 다시 서울로 돌아온 적이 있었다.

국토종주를 하면서 지역별 특징을 통하여 느낀 점은 현재 저자가 거주하고 있는 서울 송파구 잠실과 나의 고향 대구광역시를 생각해 볼 때, 서울과 지방의 격차가 너무 많이 난다는 사실이다. 다년간 빌딩 투자를 컨설팅하면서 얻어낸 원리는 서울이든 지방이든 기업들이 모여서 경제활동을 활발히 하고, 양질의 일자리가 많아서 젊은 청년들이 모일 입지에 위치하고 있는지, 그리고 배후세대가 얼마나 되는지, 교통과 편의성은 어떠한지, 아울러 매입대상 빌딩은 인구집적시설이 모이는 곳에 입지한 빌딩 인지를 확인하고 매입해야 된다는 사실이다. 이 원리는 지방 상권도 동일하게 적용된다.

서울이나 수도권과 달리 지방 상권에서 투자에 특히 주의할 점은 인구가 계속 유입되는 도시인지 혹은 계속 감소하는 도시인지를 확인하고, 경제성장을 견인할 우량기업들이 계속 들어와서 많은 일자리를 창출하고 있는지, 아니면 계속 철수하고 있는 도시인지도 반드시 체크해 보아야 한다는 것이다.

비근한 예로, 경북 구미 같은 지방 제조업 중심도시의 경우 대기업 삼성물산이 66년 만에 문을 닫고, LG전자의 구미 TV 생산라인 6개 중 2개가 인도네시아로 값싼 인건비를 찾아서 빠져 나가며, 마찬가지로 한화 구미사업장도 빠져 나가자, 여기에 근무하던 많은 노동자들이 일자리가 없어지고 하나둘씩 떠나감에 따라 거주용으로 지어졌던 많은 원투룸이 텅텅 비었고, 상권도 많이 쇠락해졌다.

울산도 마찬가지이다. 한때 우리나라 국민총생산량에서 단연 국내 최고를 기록한 울산이었지만, 조선산업이 중국에 밀리면서 쇠락의 길을 걷게 되어 지역경제가 많이 추락하였고, 기업들이 하나 둘씩 떠나가자 그 많던 인구들도 하나 둘 이 도시를 떠났었다. 최근에 들어서 다시 조선 경기가 회복을 넘어 활황의 분위기로 돌아서자 떠났던 사람들도 되돌아와서 예전의 상권으로 회복 중에 있다. 이처럼 부동산의 가치 상승률은 그 도시에 우량기업들이 많이 입주하여 양질의 일자리를 찾아 유입되는 경제인구 숫자에 비례한다.

상권 분석을 어떻게 할까?

빌딩 투자로 고민할 때 상권분석을 '어떻게 해야 되지' 하고 막연하게 생각하는 경우가 있다. 상권을 분석하는 방법은 크게 두 가지다. 거시적 상권분석과 미시적 상권분석이 그것이다.

거시적 상권분석은 대상 도시를 분석하는 것이다. 즉, '이 도시는 성장하는 도시인가 아니면 쇠락하고 있는 도시인가?'를 파악한다. 비근한 예로 세종특별자치시와 구미를 비교해 본다면, 세종시는 정부의 공공청사들, 특히 국회의사당과 행정기관들이 대거 몰려가고 있고, 정부 주요기구와 기업들이 세종으로 이전을 검토하고 있다. 당연히 주변의 교통 인프라를 개선하고 인구 유입을 대비해서 신도시급으로 개발할 수밖에 없고, 거주인구가 당연히 늘어날 수밖에 없는 구조이다.

그러나 구미의 경우를 한번 살펴보자. 구미는 전통적인 공업도시로 제조시설들이 많이 입주해 있는데, 대부분의 업종이 노동집약적이다 보니 중국의 저렴한 인건비로 생산한 제품과는 가격경쟁력에서 상대가 되지 못하여 폐업하는 기업들이 계속 늘어나고 있다. 기업들이 하나 둘씩 없어지니 노동자들 또한 이 도시를 떠날 수밖에 없는 구조라 부동산의 공실은 높아지고, 부동산 가격 또한 자연히 하락할 수밖에 없는 구조이다. 이러한 도시의 메인에 상점이나 가게를 오픈할 경우 예전 호황기때처럼 좋은 매출이 발생될 리 만무하다. 임차인의 수익이 줄어드니 자연히 월세가 낮아질 수밖에 없고, 당연히 건물 가격 또한 내려 갈 수밖에 없다. 따라서 거시적 관점에서 그 도시의 성장가능성을 제일 먼저 염두에 두는 투자분석을 해야 된다.

지금 성장일로에 있는 신도시라 하더라도 자세히 둘러보면 상가 공실문제로 어려움을 겪는 투자자들이 의외로 많다. 무엇보다 가장 중요한 투자대비 임대수익율이 제대로 나오려면 거주인구와 유동인구에 대비해서 상가 점포수의 비율이 적정한지, 아니면 너무 높은 것은 아닌지도 반드시 제대로 분석해야 한다.

미시적 상권분석은, 매입 대상 부동산이 위치한 입지의 장점과 단점을 디테일하게 분석하여 공실 가능성을 줄이고 임대수익율 등을 분석하여 향후 매각차익 실현까지 가능한지를 확인하는 분석이다. 해당 빌딩과 전철역, 버스정류장 등과의 교통접근성이 편리하고 양호한지, 대상 빌딩 주변에 개발 이슈나 호재가 있는지,

이 건물 주변의 유입 인구는 어느 정도이며 유동 인구의 동선이 본 건물로 유입이 되는지, 학교가 인접해서 정화구역으로 지정되어 업종 제약을 받을 수 있는 매물인지, 그리고 본 부지의 건축법상 용도지역, 용도지구, 지구단위계획이 어떻게 되며 영업상 제약사항은 없는지, 건물이 경사가 진 곳에 입지하는지 평지에 입지한 빌딩인지, 향이 북향인지 남향인지, 신축이나 증축 시 건축법상 제약사항은 없는지, 그리고 본 부지에 가장 효율적이면서 최적합한 업종은 무엇이고, 이 빌딩에서 나오는 월임대료가 적정한 금액인지, 아니면 건물관리 부실로 최저 임대료를 받고 있어 향후 개선의 여지가 있는지 등을 확인해야 한다. 그리고 이 빌딩 주변의 매매 시세는 얼마로 형성되어 있으며 수익률은 어느 정도 되는지 등을 디테일하게 분석하여 투자 적격성을 파악해야 한다.

상가건물임대차보호법 바로 알기

상가임대차보호법은 누구를 위한 법인가?

"와우~, 개업을 축하드립니다."

14년 전 저자가 논현동 먹자골목에서 통건물 임대차계약을 했을 때 얘기이다. 정말 운이 좋은 계약이었다. 논현동 164-1#번지에서 영업을 하던 일본식 퓨전주점이 건물 신축 공사로 명도되면서 건물주로부터 보상금 2억5,000만 원을 받고 인근 가까운 곳에 점포를 찾고 있었는데, 논현동 167-1번지 세입자들과 통임대로 잘 협상하여 계약으로 성사시켰다. 167-1번지에 입주한 1층 유리가게와 꽃가게, 2층 선녀보살집, 3층 건물주 세대를 명도비용을 주고 잘 협상한 게 주효했던 것이다. 새로운 임차인이 입주하면서 건물 전체를 리모델링하여 건물 가치를 올려놓았고, 임차금액도 만족스럽게 협상되어 건물주에게도 훨씬 이익이 되는 계약이었다. 새로 입주하는 임차인의 점포 입주를 축하하며 진심으로 사업 번창을 기원드렸다.

그런데 2년 뒤, 이 빌딩은 건물주 사정으로 다시 매매를 진행하게 되었다. 투자목적의 매수자는 임대차를 그대로 승계하여 포괄양도양수 계약으로 진행하면 전혀 문제가 없지만, 건물 점포 전체를 사용목적으로 매수할 매수자에게는 임차인 명도 문제가 가장 큰 이슈가 된다. 반면 이제 입주한 지 2년이 되어 막 영업이 안정되려고 하는데, 명도문제가 불거지면 권리금을 주고 입주하여 영업하던 임차인에겐 상당한 스트레스가 될 수밖에 없다. 임대수익목적의 매수자에게 매도하는 것이 최상이지만, 강남은 수익률이 2%대로 은행의 이자가 높은 고금리 시즌에는 임대수익용보다는 사용목적의 매매로 방점을 찍을 경우도 많아 다양한 문제들이 발생할 수밖에 없다.

빌딩매매를 진행하다 보면 명도를 해야 하는 건물주와 생계수단으로 점포를 운영하는 임차인 간의 입장이 협력 관계에서 간혹 명도해야 될 대상과 생업의 위기를 느끼며 명도를 당하는 임차인 간의 이해관계로 충돌하는 경우가 간간이 발생하기도 한다. 이러한 임대인과 임차인 간의 분쟁을 규율하고 조절하는 법이 상가임대차보호법으로, 임대인과 임차인이 꼭 알아야 될 중요한 내용일수밖에 없다. 다음의 글에서는 먼저 전반부에 상가임대차보호법

내용을 상세히 설명하였고, 후반부에는 한 번 더 요약, 마무리하여 쉽게 이해할 수 있도록 하였다. 향후 또 상가임대차보호법이 변경될 경우는 변경된 내용을 정리할 수 있도록 개정 내용 요약은 공란으로 남겨두었다. 요긴하게 사용했으면 좋겠다.

상가임대차보호법은 상가건물(사업자등록의 대상이 되는 건물)의 임대차에 대하여 적용되는 강행법규로, 이 법의 규정에 위반된 약정과 임차인에게 불리한 것은 효력이 없다.

상가임대차보호법의 가장 중요한 큰 줄기는 네 가지로 요약할 수 있다.

첫째, 대항력이란 무엇인가?
둘째, 임대료 증액은 최대 몇 %까지 인상할 수 있을까?
셋째, 계약갱신청구권으로 임대차기간을 최대 몇 년까지 보장할 것인가?
넷째, 임차인의 권리금 보장은 어떻게 할 것인가?

대항력이란 무엇인가?

임대차계약 후 잔금을 치르고, 건물을 인도 받아 사업자등록을 신청하면 그 다음날부터 제3자에 대하여 대항력이 생긴다. 만일 임차한 건물이 매매, 증여, 경매 등으로 소유권자가 변경되는 경우에도 임대차계약은 새로운 소유자에게 승계되는 것이므로 임대차

계약의 존속 기간 동안은 임차건물에서 영업을 할 수 있다. 또한 소재지 관할세무서에서 임대차계약서에 확정일자까지 받은 경우, 일정한 요건 하에 일정한 금액을 한도로 하여 임차보증금에 대한 우선변제권이 발생한다.

사업자등록은 대항력의 취득요건이기도 하지만 존속요건이기도 하여 도중에 사업자등록이 말소되어서는 안 되고, 배당요구 종기일까지 존속하고 있어야 하며, 경매 시 우선변제권을 행사하기 위해서는 관할세무서장의 확정일자를 받아야 한다는 것이 대법원의 입장이다. (상가건물임대차보호법 제4조 제1항, 제5조 제3항)

계약갱신청구권으로 임차인의 임대차기간을 최대 얼마까지 보장할 것인가?

임차인의 계약갱신요구권은 최초의 임대차기간을 포함한 전제 임대차기간이 10년을 초과하지 아니하는 범위에서만 행사할 수 있다.

개정법 시행일(2018. 10. 16.) 이후에 새로 체결된 임대차

⋯⋯▶ 개정법 10년 적용

개정법 시행일(2018. 10. 16.) 이전에 체결되어 5년이 되지 않은 임대차

⋯⋯▶ 개정법 10년 적용

개정법 시행일(2018. 10. 16.) 기준 이미 5년이 지난 임대차

⋯⋯▶ 구법 5년 적용

제10조 (계약갱신 요구 등)

② 임차인의 계약갱신요구권은 최초의 임대차기간을 포함한 전제 임대차기간이 10년을 초과하지 아니하는 범위에서만 행사할 수 있다

임대차계약 체결 시, 임대차기간을 2년으로 체결하고 2년 만료된 후 임차인이 계약갱신을 요구할 경우 강행규정에 의하여 임차개시일로부터 최대 10년까지는 영업을 할 수 있다.

환산보증금이 지역별 기준을 초과하는 고액의 상가 임대차의 경우, 원칙적으로 상가임대차보호법은 적용되지 않지만 예외적으로 세입자의 갱신요구권은 환산보증금과 무관하게 행사가 가능함

임대인이 계약갱신 요구를 거절할 수 있는 경우

제10조(계약갱신요구 등)

① 임대인은 임차인이 임대차기간이 만료되기 6개월 전부터 1개월 전까지 사이에 계약갱신을 요구할 경우 정당한 사유없이 거절하지 못한다. 다만 다음 각호의 어느 하나의 경우에는 그러하지 아니하다.

1. 임차인이 2기 차임액에 해당하는 금액에 이르도록 차임을 연체한 사실이 있는 경우
2. 임차인이 거짓이나 그밖의 부정한 방법으로 임차한 경우
3. 서로 합의하여 임대인이 임차인에게 상당한 보상을 제공한 경우
4. 임차인이 임대인의 동의 없이 목적 건물의 전부 또는 일부를 전대한 경우
5. 임차인이 임차한 건물의 전부 또는 일부를 고의나 중대한 과실로 파손한 경우
6. 임차한 건물의 전부 또는 일부가 멸실되어 임대차의 목적을 달성하지 못할 경우

7. 임대인이 다음 각 목의 어느 하나에 해당하는 사유로 목적 건물의 전부 또는 대부분을 철거하거나 재건축하기 위하여 목적 건물의 점유를 회복할 필요가 있는 경우

　가. 임대차계약 체결 당시 공사시기 및 소요시간 등을 포함한 철거 또는 재건축 계획을 임차인에게 구체적으로 고지하고 그 계획에 따르는 경우

　나. 건물이 노후 훼손 또는 일부 멸실되는 등 안전사고의 우려가 있는 경우

　다. 다른 법령에 따라 철거 또는 재건축이 이루어지는 경우

8. 그 밖에 임차인이 임차인으로서의 의무를 현저히 위반하거나 임대차를 계속하기 어려운 중대한 사유가 있는 경우

② 임차인의 계약갱신요구권은 최초의 임대차기간을 포함한 전체 임대차기간이 10년을 초과하지 아니하는 범위에서만 행사할 수 있다.

③ 갱신되는 임대차는 전 임대차와 동일한 조건으로 다시 계약된 것으로 본다. 다만 차임과 보증금은 제11조에 따른 범위에서 증감할 수 있다.

④ 임대인이 제1항의 기간 이내에 임차인에게 갱신 거절의 통지 또는 조건 변경의 통지를 하지 아니한 경우에는 그 기간이 만료된 때에 전 임대차와 동일한 조건으로 다시 임대차한 것으로 본다. 이 경우에 임대차의 존속기간은 1년으로 본다. 〈개정 2009.5.8.〉

⑤ 제4항의 경우 임차인은 언제든지 임대인에게 계약 해지의 통고를 할 수 있고, 임대인이 통고를 받은 날부터 3개월이 지나면 효력이 발생한다. [전문개정 2009.1.30.]

임대료의 증액을 최대 얼마까지로 할 것인가?

상가임대차보호법상 매년 5%씩 증액이 가능하며, 대통령령에 정한 환산보증금 이내일 경우에 한해 적용되고, 환산보증금이 초과하게 된다면 인상율 5% 제한을 받지 않는다.

지역별 환산보증금 금액 (상가임대차 보호법 시행령 제2조)

① 서울특별시 : 9억 원

② 수도권 과밀억제권역 및 부산광역시 : 6억 9천만 원

③ 광역시 : 5억 4천만 원 (수도권정비계획법에 따른 과밀억제권역에 포함된 지역과 군지역 부산광역시는 제외한다) 세종특별자치시, 파주시, 화성시, 안산시, 용인시, 김포시 및 광주시

④ 그 밖의 지역 : 3억 7천만 원

상가 임대료 인상율 5% 금액 계산법

서울시 강남구 대치동에 소재한 1층 약국이 보증금이 1억, 월세 600만 원, 관리비 별도로 임차를 하고 있다고 할 경우

환산보증금 = 1억 + (600만 × 100)

환산보증금 = 7억

서울 지역의 환산보증금이 9억 원까지이므로 임대료 인상률 5% 적용대상이다.

그러면 임대료 5% 인상율을 적용하여 총 얼마를 임대료로 부과할지 계산해 보도록 하겠다.

1단계 : 먼저 상가 임대료 인상율 5% 적용대상이 되는지 알아보기 위해 환산 보증금액을 구한다.

환산보증금 = 보증금 + (월세 × 100)
환산보증금 = 1억 + (600만 × 100)
환산보증금 = 7억

2단계 : 일단 계산된 환산보증금이 7억으로 대통령령이 정하는 서울특별시 보증금액 9억 원보다 작으므로, 인상율 5% 제한 대상이다. 이제 환산보증금 기준으로 5%가 인상된 월세 금액을 구해보자.

환산보증금 7억에 5%가 증액된 금액을 구하려면 105%를 구해주면 된다. 즉 7억 3,500만 원

3단계 : 위에서 구한 7억 3,500만 원 중에서 보증금액은 그대로 두고 월세만 올리기로 하면

7억 3,500만 - 1억 = 6억 3,500만 원

4단계 : 이제 6억 3,500만 원을 다시 월세로 바꿔주어야 한다. 앞에서 월세 부분을 보증금 형태로 바꿔줄 때는 100을 곱해주었지만, 이제는 반대로 보증금 부분을 월세 형태로 바꿔야 하므로 100으로 나누어주면 된다. 즉 계산식은 다음과 같다.

6억 3,500만 원 ÷ 100 = 635만 원

결론적으로 서울에 위치해 있는 보증금 1억 원 / 월세 600만 원 상가임대차 계약의 경우는 상가 임대료 인상율 5% 제한을 받게 되며, 보증금 1억은 그대로 유지한 채 월세만 600만 원에서 635만 원으로 증액해서 받을 수 있다.

임차인의 영업권을 포함한 권리금 보장을 어떻게 할 것인가?

임차인의 상가 권리금을 보장해 주어야 하며, 임대인은 이를 거부할 수 없다.

제10조의 4 (권리금 회수기회 보호 등)

① 임대인은 임대차기간이 끝나기 6개 전부터 임대차 종료 시까지 다음 각 호의 어느 하나에 해당하는 행위를 함으로써 권리금 계약에 따라 임차인이 주선한 신규 임차인이 되려는 자로부터 권리금을 지급받는 것을 방해하여서는 아니 된다. 다만, 제10조 제1항 각 호의 어느 하나에 해당하는 사유가 있는 경우에는 그러하지 아니하다. 〈개정 2018.10.16.〉

1. 임차인이 주선한 신규 임차인이 되려는 자에게 권리금을 요구하거나 임차인이 주선한 신규임차인이 되려는 자로부터 권리금을 수수하는 행위
2. 임차인이 주선한 신규임차인이 되려는 자로 하여금 임차인에게 권리금을 지급하지 못하게 하는 행위

3. 임차인이 주선한 신규임차인이 되려는 자에게 상
   가건물에 관한 조세, 공과금, 주변 상가건물의 차
   임 및 보증금, 그 밖의 부담에 따른 금액에 비추어
   현저히 고액의 차임과 보증금을 요구하는 행위
4. 그 밖에 정당한 사유 없이 임대인이 임차인이 주선
   한 신규임차인이 되려는 자와 임대차계약의 체결
   을 거절하는 행위

② 다음 각 호의 어느 하나에 해당하는 경우에는 제1항 4
   호의 정당한 사유가 있는 것으로 본다.

1. 임차인이 주선한 신규임차인이 되려는 자가 보증
   금 또는 차임을 지급할 자력이 없는 경우
2. 임차인이 주선한 신규임차인이 되려는 자가 임차
   인으로서의 의무를 위반할 우려가 있거나 그 밖에
   임대차를 유지하기 어려운 상당한 사유가 있는 경
   우
3. 임대차 목적물인 상가 건물을 1년 6개월 이상 영리
   목적으로 사용하지 아니한 경우

4. 임대인이 선택한 신규임차인이 임차인과 권리금
   계약을 체결하고 그 권리금을 지급한 경우

③ 임대인이 제1항을 위반하여 임차인에게 손해를 발생
   하게 한 때에는 그 손해를 배상할 책임이 있다. 이 경
   우 그 손해배상액은 신규임차인이 임차인에게 지급하
   기로 한 권리금과 임대차 종료 당시의 권리금 중 낮은
   금액을 넘지 못한다.
④ 제3항에 따라 임대인에게 손해배상을 청구할 권리는
   임대차가 종료한 날부터 3년 이내에 행사하지 아니하
   면 시효의 완성으로 소멸한다.
⑤ 임차인은 임대인에게 임차인이 주선한 신규임차인이
   되려는 자의 보증금 및 차임을 지급할 자력 또는 그 밖
   에 임차인으로서의 의무를 이행할 의사 및 능력에 관
   하여 자신이 알고 있는 정보를 제공하여야 한다.

[본조신설 2015. 5. 13.]

제10조의 5 [권리금 적용 제외] 제10조의4는 다음 각 호의 어느 하나에 해당하는 상가건물 임대차의 경우에는 적용하지 아니한다 〈개정 2018.10.16.〉

1. 임대차 목적물인 상가 건물이 유통산업발전법 제2조에 따른 대규모 점포 또는 준대규모 점포의 일부인 경우(다만 전통시장 및 상점가 육성을 위한 특별법 제2조 제1호에 따른 전통시장은 제외한다)

2. 임대차 목적물인 상가 건물이 국유재산법에 따른 국유재산 또는 공유재산 및 물품관리법에 따른 공유재산인 경우 [본조신설 2015.5.13.]

2023년 현재, 상가임대보호법 요약내용

상가 임대차보호법 요약

첫째 : 임차인의 임대차기간을 최대10년까지로 보장한다.

둘째 : 임대료의 증액을 매년 5% 이내로 제한한다.

셋째 : 상가 권리금을 보장하며, 임대인은 거부할 수 없다.

❖ 임대료의 증액 5% 제한은 환산보증금 이내일 경우만 적용되며, 계약갱신 요구권 최대 10년과 임차인 권리금 보호는 환산보증금과 무관하게 모두 적용된다.

임대차기간 10년 적용기준 (계약갱신 청구권)

개정법 시행일(2018.10.16.) 이후에 새로 체결된 임대차

⋯▶ 개정법 10년 적용

개정법 시행일(2018.10.16.) 기준 이미 5년이 지난 임대차

⋯▶ 구법 5년 적용

개정법 시행일(2018.10.16.) 이전에 체결되어 5년이 되지 않은 임대차

⋯▶ 개정법 10년

환산보증금 지역별 금액 적용범위

- 서울 : 9억 원 이하

- 과밀억제권역, 부산 : 6억9,000만 원 이하

- 광역시, 세종, 파주, 화성, 안산, 용인, 김포, 광주 : 5억4,000만 원 이하

- 그 밖에 지역 : 3억 7,000만

환산보증금 산식 : 보증금 + (월세 × 100)

2024년 이후, 상가임대보호법 개정내용

개정내용 요약 : 202#년 #월 #일

1.

2,

3.

4.

5.

❖ 본 저서 발행 이후 개정되는 내용은 별도로 요약하여 활용키로 한다.

부동산
권리분석하기

    우리나라 부동산 등기제도는 형식적 심사주의를 채택하고 있다. 즉 소유권이전 등기 요건에 맞는 구비서류만 완비된다면 등기공무원은 실질적인 소유권 유무와 상관없이 소유권이전 등기를 경료해주고 있다. 다시 말해서 우리나라의 등기제도는 공신력이 없다. 1년에 부동산 등기 신청 건수만 1,000만 건이 넘을 정도로 국가 경제의 근간이 되는 제도인데도 아직 정부에서는 이렇다 할 실체적인 방책을 세우지 못하고 있다. 사정이 그러하다 보니 등기권리증과 주민등록증을 위조하여 빌딩을 매매하는 사기 사건 사례도 아주 드물지만 간혹 발생하곤 한다. 여기에선 빌딩을 매입할 때 기본적으로 알아야할 최소한의 권리관계를 확인하는 서류인 등기사항전부증명서(등기부등본)에 대해 살펴보자.

권리분석

권리분석이란 부동산의 공부, 즉 등기사항전부증명서(등기부등본) 등을 통한 권리 및 실체적 권리 관계 등에 하자가 있는지 여부를 조사, 확인, 분석하는 작업을 말한다. 권원조사라고도 한다. 즉 등기사항전부증명서(토지, 건물등기부등본)를 분석하고 실질적인 소유권 등의 권리관계까지 조사하여 매매 절차상에 일어날 수 있는 모든 변수에 대응이 가능한 권원적 분석을 말한다.

등기사항전부증명서(등기부등본)는 대법원인터넷등기소 홈페이지에 접속하여 서류를 열람할 수 있다

공부서류	발급처	확인 가능한 내용
등기사항전부증명서 (토지, 건물)	관할등기소 혹은, 대법원인터넷등기소 (www.iros.go.kr)	갑구 : 소유권 변동사항
		을구 : 채권 채무 변동사항

등기사항전부증명서 (등기부등본)

등기사항전부증명서(등기부등본)는 해당 소재지 부동산의 소유권자가 누구인지, 은행이나 개인으로부터 빌려 쓴 채무금액이 얼마인지 등을 기재한 공부서류이다. 등기부등본 내용은 크게 표제부와 갑구, 을구로 나뉜다.

- 표제부 : 해당 부동산의 주소, 토지면적, 건물면적 등 부동산의 물리적 현황이 나온다.
- 갑구 : 해당 부동산의 소유권자가 나온다. 여기에 소유권변동에 영향을 미칠 가압류, 압류, 경매신청, 가처분, 가등기 등 해당 부동산에 대한 하자 여부가 표시돼 있다.
- 을구 : 해당 부동산에 대한 대출관계, 즉 채권, 채무관계가 모두 나온다. 저당권, 근저당권, 전세권, 임차권등기신청 등의 권리설정 여부를 열람할 수 있다.

등기부등본 "갑"구 란은 소유권의 변동내역과 향후 소유권변동을 예고하는 내용이 나오므로 "갑"구 란에 나오는 내용을 아주 신중하게 분석할 줄 알아야 부동산 매매를 통한 피해를 줄일 수 있다.

등기부등본 "갑"구 란에 기재되는 권리로 압류, 가압류, 가처분, 가등기, 예고등기, 환매등기, 경매기입등기, 신탁등기 등이 기재되어 있다면, 일단 매매계약을 하기 전에 반드시 책임중개하는 중개법인을 통해서 해당 권리내용을 확인해 달라고 요청하여야 하며, 해결할 수 없는 내용의 권리라면 계약을 보류하거나 변호사와 같은 법률전문가에게 충분한 조언을 구하고 신중하게 매매계약을 진행해야 한다.

- 압류(押留)는 채권확보를 위해서 해당 부동산 권리에 대하여 소유자의 처분을 금지하고 채권을 확보하는 것으로, 채권자는 압류

부동산의 매각대금으로부터 변제 또는 배당을 받게 된다.

■ 가압류(假押留)란 집행보전절차 가운데 하나로, 금전채권이나 금전으로 환산할 수 있는 청구권을 그대로 두면 강제집행이 곤란하게 될 때 미리 채권에 대해 동산이나 부동산을 압류하여 미래의 강제집행을 가능케 하기 위한 제도이다.

■ 가처분(假處分)이란 판결의 집행을 위하여 또는 판결을 받기까지 시일이 오래 걸리므로 임시적으로라도 지위를 정하기 위하여 신청하는 것으로 금전채권 이외의 권리 또는 법률관계에 관한 확정판결의 강제집행을 보전하기 위한 신청

■ 가등기(假登記)란 장래 본등기의 순위를 보전하기 위하여 미리 하는 예비등기로서, 그 자체로서는 물권 변동의 효력을 갖지 않으나 가등기에 기한 본등기를 하게 되면 가등기 순위에 소급하여 물권 변동의 효력이 발생한다. 부동산에 가등기를 해 놓으면 가등기 이후에 부동산이 제3자에게 처분되거나 근저당 설정, 가압류 등이 발생하더라도 본등기를 하게 되면 가등기 이후의 등기는 소멸하게 된다. 가등기 종류로는 소유권이전청구권 가등기와 담보가등기가 있다.
소유권이전 가등기는 소유권 이전을 목적으로 하며, 담보가등기는 채무자가 채무불이행시에는 자기 또는 제3자로 소유권을 이

전시켜 채권을 보전하기 위하여 행하는 등기이다.

■ 예고등기(豫告登記) : 등기원인의 무효 또는 취소로 인한 등기의 말소 또는 회복의 소가 제소되어 있을 경우에 주소법원이 직권으로 이를 등기 촉탁하여 행해지게 된다.

■ 환매등기 : 매도인이 매매계약과 동시에 특약으로 환매할 권리, 즉 환매권을 보유한 경우에 그 환매권을 일정한 기간 내에 행사함으로써 매매의 목적물을 도로 찾는 약정을 말하며, 통상 환매기간을 5년 이내로 잡는다.

■ 경매기입등기 : 임의경매 혹은 강제경매가 시작되는 것을 경매기입등기라고 한다.

■ 신탁등기 : 신탁법상 개념으로 부동산 신탁은 위탁자와 수탁자 간 특정의 재산권을 이전하거나 수탁자에게 일정한 목적을 위하여 그 재산권을 관리, 처분, 개발하게 하는 것을 말한다.

등기부등본 분석을 통해 매도자와 소유권자의 동일성을 반드시 확인하고, 가압류, 압류, 가등기나, 가처분, 예고등기, 환매등기, 경매기입등기 등 소유권 변동에 영향을 줄 수 있는 권리관계가 기재되어 있을 경우, 매매계약을 하기 전에 반드시 전문 컨설턴트와 변호사의 자문을 받아 매매계약을 진행하는 것이 가장 안전하다.

주민등록증 진위 확인은 필수

부동산거래 시 서류와 관련된 위·변조 사례로 대표적인 것이 신분증(주민등록증) 위조다. 이때 주민등록증이 위조되었는지 알 수 있는 방법은 ARS전화 1382에 전화해서 음성에 따라 주민등록번호와 발급일자를 입력하면 되고, 인터넷이나 스마트폰으로 확인 시에는 정부24시 홈페이지에 들어가 주민등록증진위확인을 누르고 홈페이지 아이디 또는 공인인증서로 로그인하여 조회하고자 하는 사람의 성명, 주민등록번호, 발급일자를 입력하면 손쉽게 조회가 가능하다. 만일 주민등록증이 아닌 운전면허증이라면, 경찰청교통민원24 공식홈페이지에서 진위 여부를 확인할 수 있다.

매년 1,000만 건 이상 등기가 행해지는 관계로 법원 등기공무원 조차도 주민등록증과 서류가 위조되어 등기신청이 접수된 사실을 모른 채 속아서 소유권이전을 해 준 사례도 아주 드물지만 간혹 있었다. 이런 경우는 대개 건물 주인이 해외나 지방에 거주해서 부동산 관리가 부실하고 직접 거래에 나설 수 없는 특수상황을 악용한 사기사건 유형이 대부분이다. 등기소 직원과 법무사까지 완벽히 속아서 소유권 이전까지 마친 경우도 있었는데, 이 경우 원래 주인은 소유권 회복이 가능하다. 결국 아무것도 모른 채 사기를 당한 계약자만 손해를 보는 것이다. 매수할 부동산에 대한 등기사항전부증명서를 직접 떼어 보고 서류를 정확히 분석할 수 있는 눈을 가져야 하며, 매매빌딩에 대한 과거 히스토리를 소상하게 잘 알고 있는, 신뢰할 만한 중개회사를 선택하는 것도 중요하다.

우리나라의 등기는 공신력이 없기 때문에 등기사항전부증명서(등기부등본)은 기본적으로 분석할 줄 알아야 하고, 매매계약을 할 때는 항상 소유권의 진위 여부에도 촉각을 세워야 한다. 우선 신분증과 등기권리증 혹은 등기사항전부증명서(등기부등본)상의 소유자가 일치하는지 확인하고, 신분증 진위 여부를 한 번 더 확인하며, 계약금과 중도금, 잔금을 입금할 때는 반드시 등기사항전부증명서(등기부등본)상 소유권자 명의로 된 은행계좌로 송금을 하여 안전한 거래를 할 수 있도록 방책을 세워두어야 한다.

부동산의 공법상 규제를 반드시 확인하자

단독주택이나 상가주택을 근린생활빌딩으로 리뉴얼하고 우량 임차인을 입점시켜 빌딩 가치를 밸류업시키기 위한 목적으로 신축이나 리모델링, 건물용도 변경 등을 고려하고 있다면, 토지이용계획확인원을 발급받아서 그 토지의 용도지역, 용도지구, 용도구역, 지구단위계획구역 등을 최우선 확인하고, 추가로 일조권, 사선제한, 건축선 등 다른 부동산공법상 제약사항이 있는지도 필히 확인하고 진행해야 한다. 해당 부동산의 공법상 규제만 잘 분석해도 매입대상 부동산의 가치를 90% 이상 알아낼 수 있다.

토지이용계획 확인원 분석하기

토지이용계획 확인원은 토지이용규제 기본법에 근거한 토지의 이용 용도를 확인하는 문서로서, 부동산개발, 건축물 대수선 혹은 신축 시 토지에 대한 각종 규제와 허가 가능한 용도를 확인하는 가장 기본적인 서류이다. 토지이용계획 확인원을 통해 용도지역, 용도지구, 지구단위계획, 개발촉진지역 지정여부 및 토지거래허가구역 해당 여부도 확인할 수 있다. 건물을 신축할 경우라면 토지이용계획 확인원 분석은 필수이며 해당 지자체를 잘 아는 건축사를 통해서 어떤 용도로, 얼마의 규모로 건축이 가능한지 확인해 보는 것도 좋은 방법이다.

지구단위계획구역으로 묶인 토지인지 유의해서 살피자

필자가 매매중개로 진행했던, 송파구 잠실동 184-11번지 빌딩의 이야기이다.

본 빌딩은 잠실역 3번 출구에서 새마을시장으로 막 진입하는 초입, 대로변 코너에 입지한 일반상업지역에 속한 최상의 입지매물이었다. 본 빌딩은 1976년도에 준공된 지하 1층, 지상 3층의 빌딩매물로 대지 523.9㎡(158평), 연면적이 1,202㎡(363평)으로 건물이 노화되어 수익률이 제대로 나오지 않아 본 빌딩을 철거 후 신축을 하거나 리모델링을 통한 증축을 해야 될 매물이었다. 그러나 이 부지는 바로 옆 필지 잠실동 184-9번지와 함께 지구단위계획구역으로 묶여 있어 단독개발은 불가하고 필히 두 필지를 묶어서 개발해야 될 매물이었다. 단독으로 개발할 경우는 현재 빌딩의 건폐율, 용적율 변경 없이 리모델링하는 수준에서 공사를 마무리해야 할 매물이었다.

매각을 의뢰한 해당 부지 바로 옆 부지인 잠실동 184-9번지 빌딩은 병의원 원장과 여러 명의 구분건물소유자로 구성되어 있어 이해관계도 복잡하고 통일된 매매가격으로 협상하기도 난해하며, 함께 공동개발을 한다고 해도 이해관계 조절이 쉽지 않은 상황이라 장기간 매매와 신축개발을 하지 못하고 애를 태우고 있던 상황이었다.

잠실동 184-11번지 소유자 박 회장이 매매를 의뢰한 본 부지가 만약에 단독으로 신축개발이 가능하다면 평당 1억8000만~2억/평까지도 충분히 기대할 수 있는 우량매물이었다. 그러나 184-9번지와 지구단위개발로 묶여 있는 제약상의 이유로 제대로 된 가격을 받기 어려워 227억(1억4,320만/평)에 매매되었다.

이 부지의 지구단위계획을 풀어서 단독개발이 가능하게 된다면 신축시 이 빌딩은 대박빌딩으로 등재될 수 있겠지만 현실적으로 지구단위계획을 해제한다는 것은 아주 어려운 일이다. 지구단위로 묶여진 토지를 매입할 경우는 함께 공동개발로 묶여 있는 필지도 동시에 매입이 가능한지를 반드시 확인하고 매입해야 한다.

지구단위계획으로 정해진 건축물의 허용 용도를 제대로 확인하자

강남구 율현동 68-3번지에 소재한 제2종일반주거지역 신축부지의 경우를 얘기하고자 한다.

이 부지는 대지 216평으로 모 교회에서 교회신축 목적으로 분양받은 토지인데, 제2종근린생활시설로서 종교집회장으로 500㎡ 미만으로 건축할 수 있도록 규제되어 있고 지구단위계획으로 가능 업종이 지정되어 있어, 건물 전체를 교회로 신축하려던 계획이 불가하여 저자에게 매각으로 의뢰가 들어왔던 매물이다. 신축부지를 매입하기 전에는 꼭 토지이용계획확인원에 기재된 지구단위계획을 반드시 확인하고, 시·군·구청의 관할관청(건축과 지구단위계획과 등)에 목적하는 사업용 건축물이 허용되는지를 반드시 확인하고 매수하여야 실수를 줄일 수 있다.

용도지역별 용적율, 건폐율 등의 제약사항을 확인해야 한다

용도지역 핵심이 건축 시 적용되는 건폐율, 용적율과 건축물 허용용도이다. 내 땅에 더 넓은 평수의 빌딩을 짓고 싶어도 적정규모로 제한해 놓은 수평면적을 규제하는 내용이 건폐율이고, 내 빌딩을 더 높이 올리고 싶어도 적정규모까지로 제한하는 수직적 규제 내용이 용적율이다. 이 두 가지는 빌딩의 가치를 결정하는 중요한 요건으로, 예비 건물주라면 필히 알고 있어야 한다.

먼저 건폐율은 대지면적을 덮고 있는 건축면적의 비율이다. 빌딩의 여러 층 중에서 가장 넓은 층의 바닥면적을 건축면적의 기준면적으로 본다. 이 건축면적이 전체 땅에서 차지하는 비율, 즉 대지면적에 대한 건축면적의 비율이 건폐율이다.

예를 들면, 일반상업지역으로 대지면적 1,000㎡ 신축부지가 건폐율이 60%이고 허용 용적율이 800%인 경우 1,000㎡ 대지면적에 건폐율 60%인 600㎡ 이내의 한 층 바닥면적을 가진 건축면적으로 빌딩을 지을 수 있다는 뜻이다. 나머지 40%인 400㎡은 조경면적, 주차장, 건물 이격거리 등으로 비워두어야 한다. 이 비율을 법적으로 정하는 이유는 건축물 주위에 최소한의 공간을 두어 건축물의 과밀을 방지하고 일조, 채광, 통풍 등에 필요한 공간을 확보하기 위해서다. 따라서 건폐율이 높을수록 건축 바닥 면적이 넓어져 옆 건물과 여유있는 이격으로 건축하기 어렵다.

허용 용적율 800%는 대지면적 1,000㎡에 대한 건물 연면적의 비율 800%를 적용하라는 내용이다. 즉 1,000㎡의 대지에 용적율 800%인 지상면적을 8,000㎡ 이내로 수직으로 쌓아 올려 건축할 수 있다. 용도지역의 건폐율, 용적율이 높을수록 건물의 규모가 커져서 임차공간이 더 많아진다.

서래마을 메인 거리에 위치한 1991년에 준공된 건물이 있었다. 용도지역이 제1종 일반주거지역으로 대지면적이 209평, 지상층 연면적만 450평으로, 용적율이 무려 215%나 되는 빌딩이다. 현행 건축법으로 신축할 경우 대지 209평에 용적율 150%를 적용하여 지으면 지상 연면적 313평 정도밖에 지을 수 없다. 현재 450평이면 연면적 137평을 이득 본 건물로, 신축보다는 리모델링하여 임대를 놓는 것이 훨씬 유리한 경우이다.

용도지구도 유념해서 보도록 하자

용도지구는 용도지역의 제한을 강화하거나 완화해 적용함으로써 용도지역의 기능을 증진시키고 미관, 경관 등을 제한해 용도지역으로 규제하지 못하는 것을 규제하는 역할을 한다. 일반적인 법적 규제보다 우선적으로 지구단위계획상의 규제가 적용되기 때문에 꼭 확인해 봐야 한다.

도로 폭이 4m 이하라면 유의해서 보아야 한다

강남구 역삼동에 소재한 일반상업지역 토지인데, 대지면적이 496㎡(150평)로 도로 폭이 4m에 접한 신축부지가 있었다. 일반상업지역의 허용 용적율이 800%임에도 도록 폭이 4m라는 이유로 2,000㎡(605평) 밖에 건축을 할 수가 없다. 만약 이 부지가 6m 도로 폭에 접해만 있었더라도 용적율 800% 이하로 적용받아 3,968㎡(1,200평)을 신축할 수 있었을 것이다. 4m 도로에 접해서 595평은 포기해야 되는 경우로 4m 도로에 접한 토지라면 꼭 확인해 봐야 한다.

해당 부동산 매물이 도시계획으로 입안되었는지도 확인하자!

신축 목적으로 매입을 검토 중인 토지가 있다면 반드시 토지이용계획확인원을 열람해 봐야 한다. 해당 토지가 공원으로 표시가 되었거나, 앞으로 신설될 도로에 편입되어 토지가 잘려 나가서 길다란 형태로 되어 있다면 매입을 보류하고 신중하게 판단해야 한다. 이 경우는 필히 구청 공무원을 찾아가서 공원이나 도로로 편입 여부를 반드시 확인해 보아야 한다. 그리고 매입대상 부지가 재개 발구역으로 지정된 지역에 속해 있다면 단독개발은 불가하며, 그 린벨트(개발제한구역)로 지정된 지역에 속해 있다면 개발이 거의 불 가능하다고 봐야 한다.

매입 목적 부동산의 건물 용도변경 가능 여부도 확인하자

용도별 건축물의 종류는 총 29가지로 분류된다.

예를 들면, 제2종 근린생활시설 용도로 분류된, 건물연면적이 2,000평 되는 건물을 매입하여 건물 전체를 사옥용이나 병의원으 로 사용하려는 사람이 있을 경우 업무시설이나 의료시설로 용도 변경이 가능한지 여부를 반드시 확인해야 한다. 건축물 용도변경 은 워낙 사례가 많기 때문에 해당 건물의 용도변경 가능 여부는 담 당 컨설턴트나 건축사, 담당 공무원을 통해 꼭 확인해 봐야 된다.

신축부지를 찾는다면 북향의 토지를 사자

길을 걷다 보면 대로변에 소재한 빌딩의 건물 형태가 반듯하게 똑바로 올라가지 못하고 상층부에서 뒤로 꺾여 계단 모양으로 들 어간 형태의 빌딩을 본 적이 있을 것이다. 그리고 건물의 최상층인 탑층이 대각선으로 잘려나간 빌딩도 있다. 건축가의 미적 감각인 경우도 있겠지만, 부동산공법상 일조권 규제에 막혀서 지어진 건 물들이 대부분이다. 신축부지는 북향의 토지를 매입하고 건물을 지어야 그나마 반듯한 상태로 건물을 올릴 수 있다. 일조권으로 건물이 잘려 나갈 경우 용적율을 다 찾아먹지 못하는 경우도 있으니 일반상업지역을 제외한 용도지역의 신축부지일 때는 반드시 북향인지 확인해야 한다. 일반상업지역은 일조권이 적용되지 않아 반듯하게 건축이 가능하지만, 전시판매 및 상업용 빌딩의 경우는 남향보다 북향을 선호하는 경우가 많다. 일례로 파리바게트와 같은 음식료 업종이 들어올 경우 남향보다 북향 건물이 받는 일조량이 적어 음식의 부패 속도가 늦어지고 신선도 유지가 유리한 측면 등이 있어서 북향을 훨씬 더 선호하는 경향이 있다.

부동산
세금

부동산을 취득할 때는 취득세를, 양도할 때 개인은 양도세를, 법인은 법인세를, 보유 시에는 재산세나 종합부동산세를 납부하여야 한다. 부동산은 자산 규모가 커서 절세 문제가 아주 중요할 수밖에 없다. 부동산 관련 세금에 대해서 알아보자

취득세

취득세는 지방세로서 부동산을 비롯한 과세대상물건을 취득할 때 취득 물건 소재지의 시도에 내는 세금이다. 취득세의 과세표준은 취득 당시의 금액으로 하며, 잔금지불일부터 30일 이내에 자진신고가 원칙으로, 취득세를 납부해야 소유권이전등기를 신청할 수 있다.

부동산 취득세의 경우 물건마다 세율이 달리 적용된다. 상가주

택을 매입할 경우와 주택 외 상가빌딩을 매매로 취득할 때 취득세를 몇 % 납부해야 할까? 현행법에 정해진 취득세율을 확인해보자.

상가주택은 상가를 겸용한 주택이거나 상가와 주택이 같이 있는 건물을 말한다. 반면 빌딩(흔히 상가라고 부르는 근린생활시설, 업무용 시설)은 주택으로 쓰는 곳 없이 100% 업무 및 상업 시설로 되어 있는 것을 말한다.

상가주택과 상가의 취득세율

상가주택은 주택과 상가 공간이 같이 있으므로 이를 매입할 경우에는 주택에 해당하는 부분과 상가에 해당하는 부분의 취득세율을 구분하여 각각 적용해야 한다. 개인이 상가주택을 매매로 취득할 경우 주택의 경우 1.1%~3.5%의 세율이 적용되며, 상가는 4.6% 단일 세율이 적용된다.

법인명의로 상가주택을 취득할 경우 상가는 4.6% 세율이, 주택은 12.4% 취득세 중과 규정이 있으므로, 법인이 주택이 포함된 상가주택을 취득할 경우는 중과 규정이 해제되었는지 여부를 한 번 더 확인하고 매입해야 한다.

강남대로를 예로 들면, 대로변에 붙어 있는 높은 대형빌딩은 대개 오피스빌딩, 근린상가로 대부분 4.6% 단일세율의 취득세가 적용된다. 그러나 바로 뒤편 이면도로만 들어가도 '상가주택'으로 구성된 빌딩이 대부분이다. 이들 빌딩은 주로 1층과 2층엔 상가가 입점해 있고, 그 위의 층은 주택으로 사람이 거주하고 있다. 이런 건물을 매입할 경우에는 상가 부분과 주택 부분의 취득세를 별도로 계산하여 납부해야 한다.

취득 원인	구 분	금 액	면 적	취득세	교육세	농특세	합 계
매매	주택	6억 이하	85㎡ 이하	1%	0.1%	비과세	1.1%
			85㎡ 초과	1%	0.1%	0.2%	1.1%
		6억 초과 ~9억 이하	85㎡ 이하	2%	0.2%	비과세	2.2%
			85㎡ 초과	2%	0.2%	0.2%	2.4%
		9억 초과	85㎡ 이하	3%	0.3%	비과세	3.3%
			85㎡ 초과	3%	0.3%	0.2%	3.5%
	상가(근린생활시설)			4%	0.4%	0.2%	4.6%

〈상가주택의 취득세율〉(2023.05월기준 취득세율)

법인이 빌딩을 매입할 경우 취득세 중과 규정에 유의하자

과밀억제권역 내의 법인이 법인을 설립한 지 5년이 넘지 않은 상태에서 과밀억제권역 내의 부동산을 취득할 경우에는 취득세 9.4% 중과 요건에 해당된다.

과밀억제권역은 수도권으로 인구와 산업이 지나치게 집중되었거나 집중될 우려가 있어 이를 막기 위하여 마련된 제도이다. 서울을 포함한 대부분의 수도권이 이에 해당한다(수도권 중에서도 제외되는 지역이 있으므로, 수도권 정비계획법을 확인할 것).

과밀억제권역은 대통령령 제28628호 별표1 서식에 과밀억제지역 범위가 규정되어 있다.

수도권 권역 현황

❖ e-나라지표 수도권 권역 현황도 참조

과밀억제권역

1. 서울특별시	
2. 인천광역시(남동 국가산업단지 제외) : 강화군, 옹진군, 서구 대곡동, 불로동, 마전동, 금곡동, 오류동 왕길동, 당하동, 원당동, 인천경제자유구역(경제자유구역에서 해제된 지역을 포함)	
3. 의정부시	
4. 구리시	
5. 남양주시(호평동, 평내동, 금곡동, 일패동, 이패동, 삼패동, 가운동, 수석동, 지금동 및 도농동만 해당한다)	
6. 하남시	7. 고양시
8. 수원시	9. 성남시
10. 안양시	11. 부천시
12. 광명시	13. 과천시
14. 의왕시	15. 군포시
16. 시흥시[반월특수지역 제외]	

　법인의 취득세 중과세 규정은 지방세법 제13조(과밀억제권역 안 취득 등 중과) 제1항과 지방세법 시행령 제27조(대도시 부동산 취득의 중과

세 범위와 적용기준) 제3항에 따름

〈법인의 취득세 중과 해결방법〉

1. 과밀억제권역 내에서 회사 설립한 지 5년을 넘은 법인이 과밀억제권역 내의 부동산을 취득하면 중과되지 않고, 4.6% 세율을 적용하며,

2. 과밀억제권역 외에 신설법인을 설립하여, 빌딩을 사용목적이 아닌 임대사업 및 투자목적으로 매입하고 과밀억제권역 내로 법인 이전을 하지 않는다면 취득세가 중과되지 않지만, 법인이 과밀억제권역 내로 이전할 경우는 법인세 중과대상이 될 수 있다. (예를 들면, 김포에 법인을 설립하고 서울 지역에 상가를 투자해도 법인의 본점을 과밀억제권역으로 이전하지 않으면 중과되지 않는다.)

3. 과밀억제권역 내에 5년 이상된 법인을 인수하여 부동산을 매수할 경우 취득세 중과 없이 4.6%로 적용되지만, 이 경우 법인의 우발채무 등 법인인수를 통한 법적인 문제에 주의하여야 한다.

양도세와
법인세

양도소득세

양도소득세란 개인이 토지, 건물 등 부동산이나 주식 등의 양도 또는 분양권과 같은 부동산에 대한 권리를 양도함으로 인해 발생하는 이익을 과세 대상으로 부과하는 세금을 말한다. 매도 시 주택과 근린생활시설의 양도세율은 다음과 같이 누진세율로 적용된다.

구분	세율	주민세 (10%) 포함세율	누진 공제액	가산세율
1,400만 원 이하	6%	6.6%	–	조정지역 내 2주택 이상+10% 3주택 이상+20%
1,400만 원 초과 ~ 5,000만 원 이하	15%	16.5%	108만 원	
5,000만 원 초과 ~ 8,800만 원 이하	24%	26.4%	522만 원	
8,800만 원 초과 ~ 1.5억 원 이하	35%	38.5%	1,490만 원	
1.5억 원 초과 ~ 3억 원 이하	38%	41.8%	1,940만 원	
3억 원 초과 ~ 5억 원 이하	40%	44%	2,540만 원	
5억 원 초과 ~ 10억 원 이하	42%	46.2%	3,540만 원	
10억 원 초과	45%	49.5%	6,540만 원	

❖ 〈1주택자와 근린생활시설의 양도세율–개인〉(2023년 개정된 세율)

상가주택의 양도세는 어떻게 적용할까

상가주택의 양도세를 적용할 때의 기준은 상가와 주택이 차지하는 면적(크기)이다. 주택이 크면 전체를 주택으로 보아 양도세율을 적용하고 주택과 상가의 면적이 동일하거나 상가의 면적이 크면 주택과 상가를 각각의 양도세율을 적용한다.

만약 상가주택 1채만을 소유한 건물주라면 매도 후 양도세를 고려해보아야 한다. 즉 상가주택 전체를 1가구 1주택으로 적용받고 10년 이상 보유했을 경우 주택에 해당하는 최고 장기보유특별공제 40%를 적용받을 수 있고, 상가로 적용받을 경우는 15년 이상 장기보유한 경우 30%의 장기보유특별공제 혜택을 받을 수 있다.

근린생활시설의 양도세

개인이 근린생활시설과 업무용빌딩 등을 매각하고 양도차익이 발생할 경우의 양도세는 양도세 요율을 그대로 적용한다.

3년 이상 보유 시부터 장기보유특별공제가 적용되고 15년 이상 보유 시 최고 30%의 세액을 공제받는다.

주택과 상가의 양도세 차이

예전에는 주택이 투자의 수단으로 각광을 받은 시절이 있었다. 자고 나면 가격이 하루가 다르게 올라가는 것을 보고 전세를 끼고 갭투자 상품으로 최고의 인기를 누리던 것이 주택이었다. 그러나 지금은 다주택자 중에 양도세 중과로 골머리 아파하는 사람들이 많아졌다. 보유하고 있으면서 종합부동산세를 고민해야 되고 양도세 중과의 함정에서 헤어날 고민을 해야 되는 상황이 된 것이다.

양도차익	기본세율	2주택자 (+10%)	3주택자 (+20%)	상가빌딩
1200만 원 이하	6%	16	26	6%
1200만 원 초과~4600만 원 이하	15%	25	35	15%
4,600만 원 초과 ~ 8,800만 원 이하	24%	34	44	24%
8,800만 원 초과 ~ 1.5억 원 이하	35%	45	55	35%
1.5억 원 초과 ~ 3억 원 이하	38%	48	58	38%
3억 원 초과 ~ 5억 원 이하	40%	50	60	40%
5억 원 초과 ~ 10억 원 이하	42%	52	62	42%
10억 원 초과	45%			45%

❖ 2022년도 세율

양도세율 표에서 보는 바와 같이 2주택자는 기본세율에 +10% 가 할증되고, 3주택자는 기본세율에 20%가 할증되어 최고 62%의 세율을 적용받을 수 있다.

그러나 상가빌딩의 경우에는 빌딩 2개를 소유할 때나, 빌딩 3개를 소유할 때도 양도세 할증이나 중과 없이 양도세 기본세율로 동일하게 적용받는다. 그런데 여기서 법인 소유로 있다가 양도할 경우에는 법인세율을 적용받아 양도세보다 세율이 대폭적으로 더 낮아진다.

개인이 상가 빌딩을 매입 시 가족 공동명의로 절세를

개인이 상가 빌딩을 매입할 때 절세할 수 있는 방법은 가족 공동 명의로 지분을 각각 나누어서 매입을 하는 것이다. 이렇게 하면 향후 매도 시에 양도세를 절세할 수 있다. 즉 양도소득세율은 누진과세율을 적용하고 있으므로 한 사람이 10억을 초과하는 금액의 양도차익을 신고할 때는 약 45% 세율을 적용받지만, 4인 가족 명의로 각각 2억 5천만 원의 양도차익으로 신고한다면, 각 개인이 250만 원씩 기본공제를 받고, 38% 세율을 적용받아서 유리한 면이 있다. 그리고 이러한 방식으로 매입했을 때 사전에 유리한 조건으로 증여하는 효과도 있어서 증여세 절세 효과도 덤으로 발생한다고 볼 수 있다. 한가지 더 팁으로 얘기하자면, 이왕이면 가족법인으로 부동산을 소유할 것을 권장한다. 가족법인으로 소유하고 매각할 경우에 다양한 절세 메리트와 운용상의 메리트가 상당히 많은 것이 사실이다. (2장 "개인, 법인투자, 무엇이 유리한가" 참조)

법인세

법인세는 개인이 아닌 법인격의 주체인 법인이 부동산 등을 매도할 때 내는 세금이다. 법인은 개인 이외 법인격의 권리·의무의 주체가 되는 주식회사나 사단법인과 재단법인 등을 말한다. 법인세의 과세 표준과 세율, 누진공제액은 다음 표와 같다.

법인세율이 양도세율의 1/2정도 되므로 개인보다 법인의 절세 효과가 더 크다는 것을 알 수 있다.

구분	세율	누진공제액
2억 원 이하	9%	-
2억 원 초과~ 200억 원 이하	19%	2,000만 원
200억 원 초과~ 3000억 원 이하	21%	4억 2천만 원
3,000억 원 초과	24%	94억 2천만 원

❖ 2023년 개정 법인세율

법인으로 사면 좋은 점

법인으로 상가 빌딩을 취득할 때의 장점은 상가 빌딩을 매개체로 한 모든 건물 유지 관리비용 일체와 법인이 사업 목적으로 지출하는 모든 비용을 필요 경비로 처리할 수 있다는 점이다. 또한 빌딩 매도 시에는 개인이 매도할 때 납부하는 최고 양도세율인 45% 보다 낮은 법인세율(24% 이내)을 적용받을 수도 있다. 대출을 받을 때도 개인이 대출 신청하는 것보다 법인으로 신청할 경우 대출금액이 더 많이 나오는 경우가 많이 있다. 그래서 요즘에는 가족 법인으로 빌딩을 매입하는 경우가 빈번하다.

가족법인으로 매수할 경우 장점은, 매도시 양도세 부담이 경감한다는 것은 기본이고, 가족 중 아내와 자녀들 명의로 사전에 증여하여 증여세 절감의 효과도 생긴다는 사실이다. 즉 매입한 빌딩의 자산 가격이 올라갈 경우에는 나중에 가격이 상승할 때 증여하는 것보다 올라간 금액분만큼 증여세를 절감하는 효과가 있는 것이다. 그래서 요즘에는 가족 법인으로도 빌딩을 많이 구입하고 있는 추세이다.

중대형 빌딩의 소유주체는 개인보다 법인이 훨씬 더 많은 실정이다. 그만큼 개인보다 법인으로 소유할 때 유리한 점이 훨씬 더 많기 때문이다.

재산세
종합부동산세

국내에 토지, 건축물 및 주택을 과세기준일 6월 1일 현재 소유하고 있는 사람이라면 꼭 내어야 하는 세금이 바로 지방세인 재산세와 국세인 종합부동산세이다. 매년 3월~5월에 매매계약 일자가 잡히면 잔금일자를 6월 1일 전후 어느 날짜로 하느냐로 매도자, 매수자가 기싸움을 벌이는 경우가 많이 있다. 빌딩의 경우 자산금액 규모가 워낙 크다 보니 재산세 또한 상당액수가 될 수밖에 없다. 부동산 소유자라면 누구도 피해갈 수 없는 재산세와 종합부동산세에 대해서 알아보자

재산세

재산세는 매년 6월 1일(과세기준일) 현재 토지, 주택, 건축물, 선박, 항공기를 소유한 자에게 과세하는 지방세이다. (「지방세법」 제104

조 참조).

- 납세의무자 : 과세기준일 현재(매년6월1일) 재산을 사실상 소
유하고 있는자

- 납기일자 : ① 건축물 : 7월 16일~7월 31일까지 ② 토지분 :
9월 16일~9월 30일까지

- 과세표준

  • 토지 : 시가표준액(개별공시지가)의 100분의 70

  • 건축물 : 시가표준액의 100분의 70

  • 주택 : 시가표준액(주택가격)의 100분의 60

세율

별도합산 대상(주요대상 : 사무실, 상가 등 일반영업용, 건축물의 부속토지 등)

과세표준	세율
2억 원 이하	0.2%
2억 원 초과 10억 원 이하	40만 원 + 2억 원 초과 금액의 0.3%
10억 원 초과	280만 원 + 10억 원 초과 금액의 0.4%

❖ 2023.08월 기준세율

분리과세 대상(주요대상 : 전, 답, 과수원, 목장용지, 골프장 및 고급오락장용 토지)

과세표준	세율
전, 답, 과수원, 목장용지 및 임야	0.07%
골프장 및 고급오락장용 토지	4%
10억 원 초과	0.2%

❖ 2023.08월 기준세율

토지 종합합산(별도합산 또는 분리과세대상 토지를 제외한 토지 등)

과세표준	세율
5,000만 원 이하	0.2%
5,000만 원 초과 1억 원 이하	10만 원 + 5,000만 원 초과금액 0.3%
1억 원 초과	25만 원 + 1억 원 초과금액의 0.5%

2023.08월 기준세율

건축물

과세표준	세율
골프장, 고급오락장용 건축물	4%
주거지역 및 지정지역 내 공장용 건축물	0.5%
기타 건축물	0.25%

2023.08월 기준세율

종합부동산세

과세기준일(매년 6월 1일) 현재 국내에 소재한 재산세 과세대상인 주택 및 토지를 유형별로 구분하여 인별로 합산한 결과, 그 공시가격 합계액이 각 유형별로 공제금액을 초과하는 경우 그 초과분에 대하여 과세되는 세금이다.

1차로 부동산소재지 관할 시군구에서 관내 부동산을 과세유형별로 구분하여 재산세를 부과하고, 2차로 각 유형별 공제액을 초과하는 부분에 대하여 주소지(본점 소재지) 관할세무서에서 종합부동산세를 부과한다.

유형별과세대상	공제금액
주택(주택부속토지 포함)	9억 원* (1세대 1주택자 12억 원)
종합합산토지(나대지, 잡종지 등)	5억 원
별도합산토지(상가, 사무실 부속토지 등)	80억 원

*2023.08월 기준세율

- 납부기간 : 매년 12.1~12.15일까지 신고납부
  - 부가세로 농어촌특별세로 납부할 종합부동산세액의 20%
    를 납부
- 납부장소 : 주소지(본점 소재지)관할 세무서
- 납부방법 : 신고서 및 부속서류를 관할 세무서에 제출하고 세
  금은 금융기관에 납부

종합부동산세란?

매년 6월 1일 주택 소유자에게 별도의 누진세율을 적용하여 부
과하는 조세. 고액의 부동산보유자에게 부과하는 세금으로 주택
의 경우 1세대 1주택자의 소유부동산이 12억 원 이상일 때, 2주택
이상일 때는 총 부동산 금액이 9억 원을 초과할 때 초과분에 대해
서 종합부동산세를 내야 한다. 이때 부동산가격은 공시가격을 기
준으로 측정한다. 예를 들어, 1주택 소유자의 공시가격이 20억이
라면 초과하는 금액 8억에 대해서 세금을 부과, 다주택자의 경우
에 5억 원짜리 5채를 가지고 있는 사람의 경우 총 25억의 재산에
서 9억을 공제한 나머지 16억에 대해 종합부동산세를 징수한다.

주택 외에도 나대지나 잡종지 같은 종합합산토지에 대해서는 5억 원 초과분에 대해 종합부동산세를 징수하고, 상가나 사무실, 빌딩 같은 별도합산토지에 대해서는 80억 원 이상의 초과분에 대해 종합부동산세를 징수합니다.

즉 빌딩의 경우 80억을 공제하고 나머지 초과분에 관하여 종합부동산세를 부과한다.

∴ 본 저서는 2023년 8월 기준 세금에 관한 내용으로
매년 세금에 관한 정책과 세율이 변경될 수도 있으므로
변경된 내용은 전문세무사를 통하여 확인해 보아야 함 ∴

레버리지
활용

빌딩 투자는 레버리지를 잘 활용하면 큰 수익을 얻을 수도 있지만, 너무 과도하게 대출을 받아서 투자할 경우, 국내외 다른 변수, 경기침체에 따른 디플레이션이나 긴축재정 등 금리변화 요인에 의해 언제나 위험이 함께 따르기 때문에 무리할 필요는 없다. 너무 과도하지 않은 범위 내에서 자산을 증식할 수 있는 레버리지 활용법을 알아보기로 하자

금융 레버리지

금융 레버리지란 부채를 활용해 더 큰 수익 거두는 것을 말한다. 이 방법은 낮은 금리의 은행 차입금을 이용해 고수익이 나오는 빌딩을 매입함으로써 적은 돈으로 빌딩을 보유함과 동시에 투자 금액 대비 수익을 높이는 방법이다. 저금리가 장기적으로 이어지

고 있는 시기에 꼭 필요한 수익 창출 방법이라고 할 수 있다.

따라서 저금리 시기에는 최대한 레버리지를 활용해 수익률을
높이는 것이 좋은 투자 전략이 될 수 있다

가로수길 초입에 코골이 전문병원을 운영하신
숨수면 병원 이○○ 원장의 사례

이 원장님은 코골이 수술에 관한 한 한국 최고의 실력을 가진
분으로, 지방에서도 코골이 수술을 하기 위해 많은 환자들이 이 원
장님을 찾아오는 상태였다. 그 당시 건물의 5,6층 두 개층을 사용
하고 있었는데, 밀려드는 환자들로 업무공간이 협소해 그 옆 건물
에 따로 진료실을 운영하고 있는 상황이었다. 매달 지출되는 월세
는 4,500만 원 정도로, 연면적이 약 800~1,200평 전후의 병의원으
로 사용하기 적합한 빌딩을 알아봐 달라는 말씀이 있으셔서 본격
적으로 진행을 하였다. 내가 만난 2017년도 당시 이 원장님의 순
수자본금은 25억 정도였고, 조금더 무리를 한다면 산부인과를 운
영하고 있는 아내의 소액자본금과 추가 공동담보로 대출금을 최
대한 확보하겠다는 방안이었다. 당시 저자와 업무적으로 잘 알고
지내던 국민은행 지점장이신 이경환 지점장님께 대출을 의뢰해
보니, 이 원장님은 캐쉬플로우가 워낙 좋아서 대출 받는 건 전혀
문제가 없다고 했다. 따라서 이 당시에 저자가 추천한 논현역 앞
서초구 반포동 706-9번지 한국교과서빌딩을 260억에 추천하여 매
입의향서를 제출 후 교육부의 빌딩매매 승인이 날 경우에 본계약

서를 작성키로 하고 가계약서를 제출하여 답변을 기다리고 있었다. 그러나 교육부의 매매승인이 보류되어 이 빌딩매입을 포기하고 이 원장님은 역삼동 681-17번지를 매입해서 현재 병원을 운영 중인데, 대출을 많이 끼고도 빌딩 투자에 성공한 케이스이다. 이 건물을 그 당시 188억에 매입하면서 대출 비율이 약 80% 정도 되었는데, 지금은 대출금도 많이 갚았고 현재는 약 360억 이상을 호가하는 빌딩이 되었다. 조만간 대출 없이 완벽한 내 건물이 될 전망이다. 예전에 월세 4,500만 원을 내는 것보다 차라리 대출로 건물을 사서 은행 이자 5,500만 원을 지출하는 것이 좋겠다는 이 원장님의 현명한 결정이 결국 넓은 진료공간을 확보하여 활발한 영업을 영위하면서 성공적인 투자가 되고 있다.

현재 은행 이자 5,500만 원은 건물에서 발생하는 월세 약 1,500만 원으로 상쇄하고 나머지 4,000만 원을 이자로 지출하니 예전에 4,500만 원을 월세로 낼 때보다 매월 500만 원이 절감되는 결과를 가져왔다. 그리고 건물의 자산가치가 188억에서 360억으로 상승을 했으니 금융레버리지로 상당히 성공한 케이스에 속한다. 이 원장이 무모할 것 같이 대출을 무리하게 한 듯하지만, 사실은 숨수면 병원에서 발생되는 훌륭한 캐쉬플로우와 이 원장의 아내가 산부인과 원장으로 있었기에 가능한 상황이었다. 만약에 외벌이였다면 이 정도 대출받기도 힘들었을 결정이지 않았나 하는 생각이 든다.

은행 대출의 조건 3가지

금융 레버리지, 즉 대출을 이용하기 위해서는 은행에서 돈을 빌릴 수 있는 자격을 갖추어야 한다. 은행 대출의 조건은 크게 3가지다.

첫째, 개인의 신용도, 둘째, 담보물의 가치, 셋째, 수익률이다. 3가지 항목을 모두 만족시키는 경우라면 매매대금은 물론 소유권 이전 비용까지 은행이 대주는 경우도 있다. 심지어 서로 대출해 주겠다고 은행 간 경쟁이 벌어지기까지 한다.

일반적으로 신용도를 높이는 가장 손쉬운 방법은 적금을 많이 드는 것이다. 50만 원짜리 1개보다 10만 원짜리 5개가 낫다. 빚이 없다고 신용도가 올라가는 것도 아니다. 대출금 상환이 무리 없이 잘 이뤄지면 평소 은행 대출을 이용한 실적이 플러스 요인으로 작용한다. 다만 저축은행이나 캐피탈 등 제2금융권 거래는 무조건 피하는 게 좋다.

부채도 자산이라지만 자신의 가용 자산 수준을 넘어서는 부채는 금물이다. 일반적으로 대출금리가 5% 이상이면 매매대금의 30% 이내에서 대출을 받는 것이 적정한 수준이다. 만약 대출금리가 4%대면 매매대금의 40%까지는 큰 문제가 없다. 3%대로 떨어지면 50%까지도 검토해 볼 수 있다고 판단된다.

무형의 레버리지

부동산 투자는 종합적인 부분을 고려해야 더 큰 레버리지효과를 볼 수 있다. 무형자산을 통한 수익 창출은 세금으로 나가는 지출을 줄여 수익을 보전하는 것일 수도 있다. 자녀들과 공유지분으로 매입하는 것이 여기에 해당한다. 증여세를 납부하더라도 빌딩의 가격이 높지 않을 때 증여하는 것이 나중에 가격이 오르고 난 다음에 증여하는 것보다 증여세가 적게 든다. 최근 사전증여에 대한 사회적 인식이 바뀌면서 흔히 볼 수 있는 현상이다.

빌딩을 포함한 모든 부동산은 취득세, 보유세, 양도세 등 세금이 차지하는 비중이 매우 크다. 이런 세금을 조금만 줄인다면 투자자 입장에서는 좀 더 수익을 보전할 수 있고 여기서 절감한 재원을 적립하여 다시 재투자할 자금으로 운용할 수 있다. 아울러 개인으로 빌딩을 매입하는 것보다 가족법인으로 했을 때 더 큰 무형의 레버리지 효과가 발생할 수도 있다.

인적 레버리지 멘토를 활용하라

결국은 사람이다. 오죽했으면 인사가 만사라는 얘기가 나왔을까? 초우량빌딩의 고급정보도 사람을 통해서 전달 받고, 계약을 할 때도 전문가의 도움을 받을 수밖에 없으므로 주변에 정말 믿을 만하고 고급정보를 제공하는 부동산 전문가, 그리고 독자를 멘토링하는 멘토를 한두 명 이상 꼭 사귀어두길 바란다. 이왕이면 생각날 때마다 박카스 한 박스를 들고 가서 눈도장도 많이 찍어두는 것이 좋다. 사람의 마음을 사면 천하도 움직인다고 하지 않는가? 정말 중요한 순간에는 최고 좋은 빌딩 매물을 차지하는 영광의 주인공이 될 수도 있다.

그리고 내가 정말 빌딩을 매수할 모든 준비가 갖추어져 있는 준비된 매수자라는 것을 어필할 필요가 있다. 그러면 주변에서 엄청난 고급정보들이 쉴 새 없이 쏟아져 들어오는 것을 보게 될 것이다.

멘토를 찾아라

부동산투자에 성공하려면 "발품을 많이 팔아라"라고 말한다.

그럼 누구를 만나서, 어디를, 어떻게 찾아가서 발품을 팔란 말인가? 발품을 팔더라도 시간은 금인데, 제대로 안내해 줄 사람을 잘 찾아가서 제대로 된 도움을 받아야 되지 않을까?

중국 전국시대 말기에 한비자는 이런 명언을 남겼다!

어리석은 사람은, 자기 능력만 활용할 줄 알고

평범한 사람은, 다른 사람의 힘을 활용할 줄 알며

현명한 사람은, 다른 사람의 지혜를 이용할 줄 안다

- 〈한비자〉 -

우리가 알고 있는 단편적인 지식과 정보로 빌딩을 투자하기엔 한계가 있다. 현실의 부동산 영역은 종합학문으로, 복잡 다단하여 점점 더 세분화, 전문화되어서 이제는 현업에 종사하는 전문가들조차도 수시로 부동산 최신 정보를 탐색해 확인하고 부동산실무적인 부분을 찾아서 공부하지 않으면 변화하는 흐름에 제대로 대응할 수 없는 세상이 되었다.

그러면 가장 중요한 빌딩 투자정보와 빌딩 관련 전문화된 지식을 습득할 수 있는 루트는 없을까?

간혹 유튜브를 통해서, 혹은 TV강연을 하는 유명 인사들이 쏟아 내는 많은 정보들, 그리고 부동산 관련 많은 서적들이 있다. 그런데 이 많은 정보의 홍수 속에 제대로 된 방향성을 찾아야 되는데, 진정으로 나를 안내해 줄 멘토가 한 사람이라도 있다면 얼마나 좋을까? 그러나 현실은 그렇게 녹록지 않다.

저자의 이야기이다. 1997년 IMF때 잘 다니던 외국계 회사에 사표를 내고 평생직업으로 중개업을 하겠다고 선언한 뒤 신사역 인근에 소재한 1층 중개업소에 중개 일을 배우러 들어 갔을 때 일이다. 사전에 충분한 정보도 없이 열정과 패기만 가지고 입사한 회사이지만, 초보인 저자와 함께 근무했던 선배들은 결코 우호적이진 않았다. 무엇하나 물어 보아도 제대로 된 정확한 정보를 주지 않았고, 함께 근무하던 사람들조차 부동산 관련 전문지식과 정보의 한

계상황에 있었고, 나를 제2의 경쟁자로 생각하는지 견제하는 분위기조차 감지되었다. 나는 1년 6개월 이상을 이 회사에서 선배들과 친해지려고 노력하면서도 한편으로는 스스로 배움의 길을 찾아서 수많은 시행착오를 통해 하나하나 터득해야만 했다.

이러한 정보와 중개업에서 꼭 필요한 전문 지식을 갈구하던 끝에, 25년 전에 10회 공인중개사 시험에 합격을 하고 처음 만난 한양대학교 선배 LBA법률중개사 김점수 소장이 나에겐 부동산의 법률적 토대가 얼마나 중요한지를 깨우쳐 준 멘토와 같은 사람이었다. 법률로 뭉쳐진 부동산을 잘 풀어서 부동산의 가치를 평가하고, 토지의 용도지역 분류에 따른 개발 내용으로 개발전문가에 버금가는 길라잡이 역할을 해 주었기 때문이다.

그리고, 약 13년 전에 만난 상가 중개의 끝판왕 허현도 교수를 들 수 있다.

나는 허 교수님을 통해서 상가점포 중개 시에 꼭 필요한 실무적인 내용을 제대로 전수받아 정확하게 배울 수 있었고, 이러한 가르침이 상가임대차 계약을 안전하고 자신감 있게 중개할 수 있게 해 주었다. 그리고, 향후 강남 핵심상업지에서 상가빌딩 매매를 전문 중개할 수 있는 자양분이 되어 2016.10월에 강남역 1번 출구 앞 테헤란빌딩을 매가 800억에 중개완료 하고, 2021.4월 6일에 다시 이 빌딩을 2,110억에 중개를 완료하여 빌딩 중개에 큰 자신감을 갖게 되었다.

그리고 부동산디벨로퍼의 진수를 알려준 최진순 교수를 들 수 있다. 당시에 부동산의 꽃인 부동산 디벨로퍼야 말로 진정한 부동산의 가치를 재창출하는 멋진 연금술사였다. 노후화된 꼬마빌딩 중 저평가된 흙 속의 진주를 찾아서 건물 리뉴얼을 통해 우량임차인으로 임대수익율을 향상시켜 빌딩의 자산가치를 밸류업 해주는 멋진 작업이었다.

그리고 빌딩자산관리의 필요성을 알게 해주신 매경부동산 자산관리사협회 김민수 협회장을 들 수 있다. 당시 부동산 자산관리시장이 막 태동할 무렵에 금융권인 은행과 보험회사, 부동산중개 및 관리, 개발 분야까지 아우르는 원스톱 종합관리서비스를 국내 최초로 시도한 큰 사업에 나도 자그마한 힘이나마 보태려고 노력했던 사람으로서, 참 많은 것을 경험할 수 있는 좋은 기회였다.

그리고 저자가 송도국제도시에서 강남으로 이전하고 만난 귀인이자 멘토이신 안 회장님을 들 수 있다. 사업으로도 크게 성공하신 분으로 보유한 자산도 많지만 언제나 겸손하시고, 믿음이 좋으신 분으로 중후한 품위를 느낄 수 있었다. 회장님을 뵐 때마다 저자자신이 빌딩 전문가라고 얘기하는 것이 부끄러울 정도로 해박한 지식을 가지고 계신 자산가였고, 찾아뵈러 갈 때마다 꼭 한두 가지씩 좋은 정보와 지혜를 들려 주서서 저자에겐 좋은 배움과 성장의 기회가 되었고, 저자 역시 좋은 빌딩 매물정보를 수시로 브리핑해 드리고 돌아왔다. 이러한 만남을 통해 안 회장님께 TH빌딩을 매입하게 해드렸고, 나중에 저자를 신뢰하여 TH빌딩을 전속중개하게 해 주서서 정말 일생일대에 한 번밖에 없을 엄청난 계약을 달성하게 된 계기가 되었다. (*이 지면을 빌어 다시 한번 저자를 믿어주시고 계약을 완료할 때까지 밀어주신 안 회장님께 깊은 감사의 마음을 전한다.)

이처럼 우리 주변에는 많은 부동산 멘토들이 있다.

그러면 빌딩 투자에 있어서 도움을 주는 멘토들은 누구일까?

첫째, 빌딩을 직접 소유하고 투자에 경험이 많은 빌딩소유자 및 자산가들이 될 수 있다

둘째, 빌딩 중개를 다년간 한 중개경험이 풍부한 빌딩전문 공인중개사와 컨설팅담당자이다.

셋째, 빌딩을 밸류업한 경험이 풍부한 건축사, 시공사와 빌딩신축 경험이 많은 시행사가 있다.

넷째, 빌딩 대출을 담당하는 은행지점장과 대출감정하는 감정평가사

다섯째, 빌딩을 매수하고 매매할 때 세무 경험이 풍부한 부동산 전문세무사이다.

사실 이 많은 사람을 다 찾아다니면서 나를 멘토링 해 줄 사람

을 찾는다는 것은 힘들다.

혹여나 누군가를 찾아가서 나의 갈증을 해결해 줄 사람을 만나고 싶다면 제일 먼저 상가빌딩 중개에 경험이 풍부한 컨설팅 담당자를 만나라고 추천하고 싶다. 이 사람 저 사람 가리지 말고 다양한 컨설턴트를 만나 보다가 '이 사람이다' 싶으면 약속 시간을 정해서 박카스 한 박스를 들고 찾아가거나 식사라도 한 번 대접해 보자. 그러면 그곳에서 정말 엄청난 고급 정보를 만나게 될지 또 누가 알겠는가?

이제 빌딩에 투자하기로 마음을 먹었다면 다른 사람의 지혜를 활용하기 위해서라도 좋은 멘토 한 사람 정도 사귀어서 황제같이 대우를 받으며 최고 A급 정보를 제공받을 수 있도록 좋은 사람들을 옆에 놓아 두길 바란다. 내가 확실히 빌딩에 투자할 사람이라는 것이 증명되는 순간, 내가 기대하지도 못한 정말 좋은 고급정보들이 많이 입수될 수도 있을 것이다.

가장 현명한 사람은 다른 사람의 지혜를 이용할 줄 아는 사람이라고 하지 않았는가?

나를 대신해서 발로 뛰어주고 좋은 정보를 제공하고 나의 자산을 불려줄 협력자이자 조언자 멘토를 최대한 활용해 보자!

3장

빌딩
우량매물
찾기

현장답사 이렇게 해보자

빌딩매물을 추천 받았는데 그 중에 관심이 가는 빌딩이 있었다면 '다음로드'나 '네이버지도'를 통해 1차적으로 개략적인 입지분석과 상권분석을 하고 '밸류맵'과 '디스코'를 통해서 주변에 매각된 사례를 확인하여 평당 매매시세를 체크해 보고, '랜드북'을 통해서 감정가격이 얼마 정도로 추정되고 있는지를 확인해 본 다음 1차적으로 분석해 보는 것이 좋다. 이렇게 1차적으로 분석을 했는데도 매력적인 매물로 판단이 되고 투자 메리트가 있다고 확신할 경우, 현장답사를 통해 공부상의 내용과 실제 부동산 현황의 일치 여부를 반드시 제대로 확인하고 매입 여부를 고려해 보자.

현장답사 시에는 체크리스트를 만들어 답사를 하는 것이 확인할 내용을 빠뜨리지 않고 제대로 체크할 수 있고, 건물의 입지분석, 상권분석, 시설 및 시세분석 후에 매력있는 빌딩으로 판단되어 매입할 계획이 선다면 가격을 흥정할 수 있는 체크포인트(협상카드)로 활용할 수 있기 때문에 체크리스트 활용을 적극 추천한다. 현장답사의 목적이 매입목적과 일치하는 빌딩인지, 그리고 공부상의 내용과 현황이 일치하는지 등을 확인하고 투자 목적에 적합한 빌딩을 적성선의 가격에, 나아가 실수 없이 잘 매입하는 것이기 때문에 답사 후 점수를 매기면서 계획을 세우는 것은 무엇보다 중요한 과정이다.

주요 체크리스트 항목은,

1. 건축물대장과 현황을 확인하여 위법건축물은 없는지?
2. 건물의 노후 정도, 건물 내외부 누수 여부 상태 확인
3. 엘리베이터, 기계, 전기, 소방, 주차설비 관리상태 확인
4. 임대현황, 공실상태, 임대료 수준의 적정성 확인
5. 빌딩의 가시성, 방향, 경사, 토지의 모양, 도로폭
6. 자동차 진출입로 및 대중교통 접근성, 유동인구 확인
7. 토지이용계획원의 용도지역, 지구단위계획구역여부, 공법상규제 및 도시계획 여부 확인
8. 대상부동산의 강점과 약점을 분석
9. 기타 개선사항 체크 및 적정가격 분석

현장답사 체크리스트 항목이 준비되고 매입 대상 부동산이 한두 개로 좁혀졌다면, 이제 현장에서 좀 더 긴 시간을 투자하여 시

간대별 유동인구를 확인해 보자.

아침/점심/저녁 그리고 평일/주말 등 시간대별로 답사를 통해 유동인구부터 동선, 현장 분위기를 직접 확인해야 한다.

부동산의 가치는 첫째도 입지, 둘째도 입지, 셋째도 입지이다. 해당 빌딩이 가시성이 있는 건물인지, 접근성이 용이한 건물인지 유동인구가 잘 유입되고 있는지 직접 눈으로 확인해야 한다.

임차인들 장사는 잘 되고 있는지, 현재 임대업종이 이 건물에 적합한 업종인지, 건물관리 상태는 양호한지, 영업소에 불법시설물을 설치한 것이 있는지? 그리고 빌딩 내 공실상태가 어떠하며 개선의 여지가 있는지?

주변에 전철역이나 교통시설 등이 있다면 해당 건물과 역 사잇길을 직접 걸어가면서 도보거리도 확인하고, 유동인구의 흐름도 직접 확인하는 것이 필요하다.

빌딩건물은 북향건물이 좋다. 건축법상 북향건물이 일조권 영향을 적게 받아서 남향의 대지보다 효용성이 높고, 신축 시 반듯하게 올라갈 수 있다.

토지이용계획확인원을 확인하다가 해당 빌딩 건물이 제3종 일반주거지역인데도 용적률을 250%가 넘게 적용받아서 지어진 건물이라면 용적률에 이득을 본 건물이다. 혹여나 용적률이 용도지역의 용적률보다 훨씬 높은 건물이 매매로 나왔는데 노후도가 심하다면 매입 후 신축보다 리모델링을 하는 것이 훨씬 이득일 수 있다.

여기에 더해서 해당 건물과 인접해 국유지나 시유지가 붙어 있는 맹지라면 또한 대박인 매물일 가능성이 높다. 매입 후 맹지인 국유지나 시유지를 싸게 불하받거나 주차장, 휴게 공간 등 여유 공간으로 잘 활용할 수도 있어 토지의 이용 효율이 훨씬 더 높아지는 경우가 많기 때문이다.

해당 건물의 시세를 가늠해 볼 수 있는 방법은 건물 주변에 최근의 매매 사례를 검토하는 것이다.

요즘에는 빌딩이 매각된 사례를 제공해 주는 사이트가 있는데, '밸류맵'이나 '디스코' 등에서 제공하는 실제 빌딩 매매 사례와 현재 매물로 나와 있는 빌딩들의 가격들을 참고로 찾아보는 것도 한 방법이다. 보조적 수단으로 '랜드북'을 통해 추정 감정가격을 얼마로 보고 있는지 참조할 수 있다.

혹시나 빌딩의 가격을 비교해 보기 위해 해당 빌딩 주변의 여러 부동산 업체를 들러 지역의 임대상황이나 호재를 파악하는 것도 물론 좋지만, 오히려 내가 사려는 건물의 정보를 다른 매수인에게 제공할 수도 있어 좋은 건물의 정보만 유출될 수도 있다는 것을 염두에 두고 시세를 알아 보아야 하며, 요즘은 매매 정보가 공개되므로 직접 매수를 의뢰했던 중개법인이나 컨설팅 업체에 물어보아도 주변 매매 시세를 상세히 잘 알려주므로 참고하면 좋을 것 같다.

한편 공부상에 표기 되지 않은 건축물이 있는지도 현장답사를 통해서 확인해야 한다.

간혹 임차인이 건물주 몰래 주차장이나 뒷면 공터에 식자재 창고로 무단 증축을 하거나 매장으로 사용하는 경우가 있다. 이 경우 위법건축물로, 적발 시 이행강제금 부과대상이 될 수도 있고, 나중에 다른 임차인의 업종 변경이 필요할 경우 제약사항이 발생할 여지도 있으며, 새로 입주하는 임차인의 사업자등록이 어려운 상황이 발생되기도 한다. 게다가 급전이 필요해서 빌딩을 담보로 대출받을 때 대출에 제약이 발생하기도 한다.

현장답사의 목적은, 매입목적에 적합한 좋은 입지의 우량한 빌딩을 매입하기 위하여 건축물대장 등 공부상 내용과 현황이 일치하고 위법사항은 없는지, 임차인 영업은 잘되고 수익성이 좋은지, 건물의 임차관리와 시설관리가 수월하게 잘 될 것인지, 건물을 매입할 경우 추가 수선비 지출은 얼마 정도가 될 것이며, 최종적으로 이 빌딩을 매입할 경우 적정 가격은 얼마 정도로 제시할 것인지 매입 검토를 사전 준비하는 과정이라고 볼 수 있다.

아울러 현장답사 시 체크리스트 항목별로 해당 빌딩에 대한 주요 내용을 잘 파악해서 정리해 둔다면 가격협상에서도 유리한 고지를 점할 수 있다.

부동산 가격 산출 방법

빌딩가격을 산정하는 방법은?

부동산 가격에는 정가가 없다! 빌딩 가격을 전문 평가하는 감정평가사 3인에게 동일한 부동산에 대해 감정평가를 의뢰해 봐도 똑같은 금액으로 산출되지 않고 평가사마다 조금씩 감정평가액이 다르게 나온다. 상황이 이렇다 보니 매도자가 생각하는 금액과 매수자가 생각하는 부동산 가격에도 당연히 차이가 발생할 수밖에 없지 않을까? 이렇게 단순하지 않은 부동산 가격을 평가하는 방식에 대해서 알아보고, 향후 빌딩 매수나 매도할 상황이 왔을 때 매매 가격 협상에 적절하게 활용해 보자.

내가 사고자 하는 빌딩가격이 적당한지 알아보는 법

요즘 부동산 매매시세는 집안에서도 편안하게 열람해서 볼 수 있는 시대가 되었다. '밸류맵'이나 '디스코' 혹은 '랜드북'을 통해서 빌딩매매 사례 가격과 추정 감정가를 알아볼 수 있다.

부동산 매입을 고민할 때 제일 먼저 부딪히는 문제가 '이 빌딩 가격이 적정한가? 얼마 정도에 사야 잘 사는 금액일까? 그리고 얼마 정도에 팔아야 그나마 흡족하게 팔았다고 생각이 들까?'하는 궁금증일 것이다.

그러면, 수익형 부동산 가격을 산정하는 방법은 어떤 것이 있을까? 빌딩 가격 산출 방법에는 임대수익율로 매가를 결정하는 수익방식(수익환원법)과, 주변에 매매된 사례를 비교분석하여 가격을 결정하는 거래사례비교방식(비교사례법), 그리고 토지가격의 원가에 건물 신축 시에 소요된 건축비용을 연도별로 감가상각하여 산출하는 원가방식(복성식평가법)을 들 수 있다. 여기에 건축물 연면적이 2,000평 이상인 빌딩일 경우 연면적 매매가 산정방식도 있다.

수익형 부동산 가격산정은 수익률을 기반으로 매매 가격을 결정하고 보조적 수단으로 인근지역 매매 사례를 참조해서 가격을 결정한다. 대부분 매수자들은 임대수익율을 기준으로 빌딩의 가격을 협상하여 계약한다.

수익방식

수익방식은 임대수익률로 건물가치를 평가하는 방법이다. 대부분의 수익성 임대상가 근린생활빌딩에 통용되는 방식이다. 평가 방법은 매우 간단하다. 건물에서 발생하는 임대료를 알면 건물가격을 산출할 수 있다.

> 빌딩 가격 = [연간임대수입 / 0.02(강남 적정수익율2%)] + 보증금

적정수익율은 지역마다 편차가 있고, 강남의 경우 통상 2%를 기준한다. 예를 들면, 서울시 강남구에 소재한 빌딩의 임대료를 분석한 결과 보증금 10억에 월세 3,050만 원, 관리비 750만 원이라고 했을 때 건물 가격은 얼마 정도 될까?

> 빌딩 가격 = [3억6,600만 원 / 0.02] + 10억 = 193억

본 건물의 적정가격은 193억이다.

(※ 수익방식의 맹점은 노후된 건물과 상업지역에서 용적율이 낮은 저층 건물의 경우, 적정 임대료를 받을 수 없어 임대수익률로 매매가를 산정하는 방식이 적합치 않다는 것이다.)

거래사례 비교방식

거래사례 비교방식은 수익형 부동산뿐만 아니라 주거용 부동산에도 많이 사용되는 방식으로, 매매 대상 건물 주변에 최근에 매각된 가격을 기준으로 현재 해당 빌딩의 가치를 비교하여 평가하는 방식이다. 이러한 거래 사례 정보를 제공해주는 사이트로 '밸류맵'과, '디스코' 등이 있다. 이곳 홈페이지를 통해서 지번을 입력하여

검색하면 주변에 거래된 유사한 매물 내용이 공개되므로 대상 부동산의 가격도 어림짐작으로 확인해 볼 수 있다.

밸류맵 https://www.valueupmap.com
디스코부동산 https://www.disco.re

요즘은 부동산이 매매되면 등기사항전부증명서(등기부등본)에 매매가격을 투명하게 제공하고 있어 집안에서도 매매금액 확인이 가능하다.

원가방식 (복성식평가법)

원가방식은 토지 가격과 건물 가격(감가후 잔존가치)을 합산한 평가방식이다. 이 방식은 토지 시세를 알고 건물의 경과연수만 알면 쉽게 건물 가치를 산출할 수 있다.

빌딩 가격 = 토지가격 + 건물가격 (건물잔존가치)

예를 들어, 대지 330.5㎡(약 100평), 건물연면적 1,322.3㎡(약 400평), 지하 1층/지상 7층의 건령 20년의 근린생활건물이 매매로 나왔다고 할 경우, 토지 가격과 건물 가격을 각각 산출하여 합산하면 된다. 토지 가격은 감정평가사를 통해 추정한 평당금액이 9,750만 원이라고 할 경우 토지금액은 97억 7,500만 원으로 추정되고, 건물 가격은 해당 건물을 400평으로 신축할 경우 들어간 총금액이 22억이라고 하면 여기서 사용 연수가 20년으로, 총 40년 중에 잔존연수는 20년이며, 건물 가격은 11억 원으로 평가할 수 있다.

따라서 해당 빌딩의 가격은 토지 97억 7,500만 원과 건물가격 11억 원을 더한 108억 7,500만 원으로 추정할 수 있다.

(※ 원가방식의 경우에는 임대수익율을 제대로 반영하기 어려워 수익성 건물을 찾는 투자자들에게 적용하기에는 어려운 부분이 있다.)

연면적 매매가 산정방식

연면적 매매가 산정방식은 총 건물 연면적이 약 2,000평이 넘어갈 경우에 주로 적용하는 방식이다. 건물의 1평당 평당가격에 건물 전체 연면적을 곱하여 빌딩가격을 결정하는 방법으로, 건물입지와 컨디션에 따른 건물 1평당 가격 편차를 다시 1급지, 2급지, 3급지로 보정해서 적정가격을 산출한다.

구 분	1급지(대로변)	2급지(중소로변)	3급지(이면지역)
GBD(강남권역)	4,500~5,500	3,500~4,500	2,500~3,500
CBD(도심권)	3,000~4,500	2,000~3,000	1,000~2,000
YBD(여의도권)	3,500~5,000	2,500~3,500	1,500~2,500
지하철 역세권	3,000~4,500	2,000~3,000	1,000~2,000
기타지역	2,000~3,000	1,500~2,000	1,000~1,500

❖ 서울 주요 지역별 연면적 평당 단가(단위 : 만 원)(2023년 기준)

저자가 2023년 6월에 공동중개로 진행하고 있던 서울시 강남구 역삼동 718-##번지 태광빌딩의 사례이다. 일반상업지역 매물로 대지 402평, 연면적 5,262.4평, 총매가 2,100억에 진행하고 있는데, 본 매물을 연면적당 평당가로 분석해 보면, 건물연면적당 평당가격이 3,990만/평으로 GBD(강남권역) 2급지에 해당하는 매물임을 알 수 있다. 테헤란대로 이면에 소재한 매물로, 사옥으로 최적합한 오피스 빌딩매물이자 계약이 임박한 우량매물이다.

부동산가격을 평가한다는 것은 전문가들도 상당히 어려운 부분이다. 매매가격에 고려될 요소는 복합적 요인으로, 임대수익율과 건물의 상태, 향후 가치상승 등에 따른 기대치가 반영된 가격으로 결정된다.

실제로 감정평가 업체도 부동산 가격을 평가하기에 앞서 현장실사를 나올 때 현지 부동산 중개업소에 먼저 들러서 주변에 매각된 가격 시세와 해당 부동산의 추정 시세를 조사한 다음 참조해서 가격을 평가하고 산출하는 게 현실이다.

그래서 매각을 염두에 두고 있는 매도자라면, 건물 리모델링과 증축 등을 통해 우량임차인이 입주할 수 있을 만큼 아주 좋은 임대차 환경을 제공하고 수익률을 최대로 높여 빌딩 가치를 밸류업시켜 베스트 가격으로 매각하는 것이 유리하고, 매수자의 경우는 가치가 저평가 되어 있고, 화장하지 않은 흙 속의 원석을 찾아서 매입 후 리모델링이나 증축 등을 통해 임대수익률을 개선하여 빌딩 가치를 밸류업 할 수 있는 매물을 찾는 것도 좋은 방법이다.

빌딩 매수
협상

　일반인들은 평생을 통해서 부동산 거래를 몇 번이나 할까?

　주택의 경우는 일평생 동안 평균 2~5번 정도 매매거래가 이루어진다고 한다.

　그러면 빌딩의 경우는 몇 번이나 거래를 할까? 전문적인 투자자가 아니라면 일평생 한두 번, 혹은 이제 빌딩 매입을 준비하고 있는 경우도 많다.

　그러니 우리 자산의 64.4% 이상을 차지하는 부동산 거래에 한 번의 실수가 몇 년, 몇십 년간의 피나는 노력의 산물을 힘든 상황으로 만들어 버리는 거래가 될 수도 있으니 신중에 신중을 기해야 할 것이다.

　결국 어렵게 모은 돈으로 내 자산을 안전하게 지키는 동시에 최대의 가치를 낼 수 있는 빌딩으로, 매입을 잘 결정해야 한다!

그러면 부동산 거래의 제일 중요한 가격은 어느 정도 선에서 사야 잘 된 결정이 될까?

부동산 실물 가격 5~20% 안팎의 변수 상존

일반적으로 부동산 거래당사자는 최근에 주변에 매매된 거래사례를 통해서 가격을 가늠하고 현재 임대수익율과 향후 투자가치 등을 기준으로 부동산 전문 컨설턴트와 상담하면서 매매가의 기준금액을 정하고 매매협상을 진행하는 것이 일반적인 관례다.

부동산 가격은 매도자가 부르는 매도호가, 공인중개사가 제시하는 협상가격, 감정평가사가 평가하는 감정가격, 은행에서 대출할 때 대출감정가, 법원경매에서 경매감정가격, 성업공사에서 공매하는 공매감정가격 등등 어느 것 하나 똑 같은 가격이 없다.

각기 보는 각도에 따라 동일한 부동산의 가격도 모두 다르게 나타난다. 각각의 금액산정 방법이 별도로 있기에 서로가 다른 가격기준을 내는 것이다. 그래서 실제의 거래에서는 참고적인 사항으로만 삼을 뿐이고 거래당사자의 협상으로 매매금액이 정해지는 것이다. 이렇게 전문가들도 부동산의 가격을 각각 다르게 산출하니, 하물며 일반인들이야 금액의 결정을 어떻게 빨리 낼 수 있겠는가?

부동산의 가격은 정보 속에 녹아 있다

필자가 2016년 10월 10일에 중개한 강남역 1번 출구 앞 코너, 강남구 역삼동 825-17 테헤란빌딩(현, 영림빌딩)은 예전에 1,100억에 매수하려는 사람이 있었음에도 매각하지 않던 우량매물이었다. 그런데 매도자의 긴급한 사정으로 잔금을 빨리 지불한다는 조건만 충족되면 최종 매각가를 850억에도 매매하겠다는 콜 사인을 받고, 가격을 절충하여 최종 800억에 매매계약을 완료했다. 이러한 정보를 빨리 입수할 수 있었기에 매수자를 잘 설득하여 매매계약을 성사시킨 것이다. 저자가 중개해 준 매수자는 벌써 시세의 300억을 벌고 매입을 하였다. 매도자의 긴급한 사정이 300억을 디스카운트한 가격에 매매가 성사되도록 만들었다.

그리고 저자가 중개로 진행했던 빌딩 중 논현역 7번 출구 앞에 소재한 코너빌딩, 서초구 잠원동 37-6 논현빌딩(현, 바바논현빌딩)의 경우는 구분소유 건물로, 이 빌딩의 지분 약 58%를 소유한 홍 회장님이 건물 관리를 하고 계셨는데, 나이도 연로하고 매각을 2년 동안 진행 중이었는데도 지분매매이다 보니 사려는 매수자가 없어서 장기간 표류하던 끝에 결국은 매각이 완료되었다. 신한은행 부동산팀에서 공동지분권자 E1에너지를 잘 설득해서 바바패션에 매각을 완료한 것이다. 물론 지분권 매매이다 보니 가격은 저렴하게 매각이 완료되었다. 부동산 지분 매매의 경우는 단독건물 매매보다 통상 20%에서 많게는 30%씩 싼 가격에 거래되는 경우가 많다. 바바패션의 투자는 지분매매였지만, 강남대로변 논현역 앞 코너라는 입지적인 면과 신분당선 개통으로 더블역세권이 되는 호재가 있어 지가 상승이 지속될 것이라는, 투자 측면에서 아주 성공한 케이스에 속하는 거래 유형이다.

매매가격 협상전략

현장답사를 하면서 꼼꼼하게 준비한 체크리스트 항목이 매매가격 협상 시에는 좋은 설득 자료가 될 수 있다.

가격협상 내용은 객관적이고 명확한 근거를 제시하면서 매도자가 기분 나쁘지 않게 가격을 제안하는 게 좋다.

매수자의 입장에선 건물 노후도에 따른 건물 수리비용과 현재 낮은 상태의 임대수익율, 사용목적일 경우 임차인 명도에 따른 명도비용으로, 그리고 잔금지불조건을 좋게 함으로써 가격 협상력을 높일 수 있는데, 값을 깎으려면 흠을 찾아서 디스카운트할 포인트를 미리 찾아 놓고 매도자가 기분 나쁘지 않게 "나는 이 건물의 이러이러한 장점이 좋아서 매입하려고 합니다. 그런데 막상 매입하려고 하니 이러저러한 이유로 좀 깎아 주셨으면 합니다. 화장실 수리, 옥상방수 수리, 외부 인테리어 등 비용이 많이 들어가요. 요즘 공사 비용도 많이 올라서 수리 비용이 걱정이 되네요. 게다가 금리가 많이 올라서 임대수익율이 낮아서 걱정이 되고…. 매도자에게 매수자의 입장에서 고려할 수 있는 가격 절충 포인트를 잘 어필해야 설득력이 있다.

매도자 입장의 협상 내용은 이 빌딩이 가지는 장점을 적극 어필할 필요가 있다. 가령 "이 빌딩은 매각은 별로 고려하지 않아서 오랫동안 보유할 목적으로 고급 자재로 마무리하고, 직접 운영하려고 건축비를 아끼지 않았고, 고급자재로 건물을 아주 튼튼하고 다른 건물에 비해 고급스럽게 잘 지었습니다. 최근에 비용을 많이 투자하여 건물 전체 대수선을 하여 임차인들도 아주 만족해 하고, 월세가 한 번도 밀리지 않고 잘 들어오고 있습니다. 이 빌딩을 매입하시면 수리비용도 전혀 들어갈 게 없습니다. 주변에 전철역이 가까이 있어서 유동인구가 많고, 교통이 편하여 공실이 거의 없어 임대료 미납으로 고민해 본 적이 없습니다. 옥상 조경수도 본인이 직접 조성을 해서 정도 많이 들었고 팔기에는 너무 애착이 가는 건물입니다."라는 식으로 매수자에게 매도자의 입장에서 고려할 수 있는 가격 절충 포인트를 잘 어필하면 또한 설득력이 있다.

계약체결 협의가격

결국은 매도자 매수자가 합의하는 가격이 매매금액이 된다. 어떻게 협상하느냐에 따라 몇 천만 원에서 몇 억의 금액이 조절되기도 하고, 매도자와 매수자가 처한 상황에 따라 급매가격으로 체결되기도 하며, 좀 더 업된 금액으로 체결되기도 한다. 부동산 가격엔 정가가 없다! 계약협상에서 내가 얼마만큼의 정보를 알고 대응하느냐에 따라 매매가격은 얼마든지 변동폭이 생길 수도 있다.

대형 빌딩도 얼마든지 가격 협상이 가능하다

1,100억 빌딩이 850억에 매물로?

가격의 창조와 파괴가 상가빌딩만큼 심하게 일어나는 종목도 흔치 않을 것이다. 건물주가 부채에 쫓겨서 급히 매각해야 될 상황이거나, 사업상 자금이 급히 필요한 긴급 상황에서 빌딩매매를 한다면 실제 시세보다 10~30% 정도 저렴한 가격에 급매로 거래되기도 하고, 혹은 반대로 매수자가 그 입지에 소재한 부동산을 꼭 필요로 할 경우 매매가격을 협상할 때는 시세보다 1.5~3배에도 거래가 성사되는 경우가 있다. 이처럼 부동산 가격은 매도자 매수자가 처해 있는 상황이 어떠하냐에 따라 매매가격이 새롭게 창조되고 파괴되기도 한다. 어떤 때는 매수자에게 아주 싼 가격에 매수할 기회가 생기기도 하고, 어떤 때는 매수자가 소정의 목적사업을 하기 위해 아주 고가로 매입하기도 한다.

강남역 1번 출구 앞 역삼동 825-17번지 테헤란빌딩(현, 영림빌딩)이 이에 해당한다. 나는 이 빌딩을 2016년 10월 10일에 800억에 공동중개하여 계약에 성공했다. 대지 1,251.5㎡(378.6평), 연면적 6,525㎡(1,973.8평)로 일반 상업지역에 자리한 이 빌딩은 보증금 55억2,600만 원에 월세 1억740만 원, 관리비 4,960만 원으로 예전에는 매가 1,100억에 진행되던 매물이었다.

이 빌딩은 2016년 초에 1,100억에도 매각을 하지 않던 초우량 매물이었다. 입지가 워낙 좋은 강남역 대로변 코너에 소재한 빌딩이다 보니 강남 인근에 빌딩을 가진 건물주들도 이 입지에 있는 빌딩을 매입하려고 혈안이 되어 상당한 물밑작업을 진행하고 있었다. 그런데 1,100억을 제시해도 매도자가 팔지 않겠다고 했던 매물이 2016년 8월 말경에 급매가격 850억에 시장에 나와 은밀하게 매매로 진행되고 있었다. 매도자에게 급한 사정이 생겨 일어난 일이었다.

저자가 처음에 해당 빌딩을 1,100억에 매매로 진행하다가 임대수익률이 나오지 않아 거의 포기 상태로 있었는데, 850억이라니? 애초에 나는 이 빌딩이라면 도저히 이 금액에 나올 수 없는 것이라 생각했기에 광고용 미끼상품이라고 생각하고 넘겼다가 혹시나 하는 마음에 매도측 담당 김 전무와 확인했는데, 실제로 850억에 매각이 진행되는 진성 매물이었다.

50억 더 가격을 내려 체결하다

급매로 나온 매물로 확인된 상태라, 나는 급한 마음에 P법인 회장님께 신중하게 브리핑을 하고 매수를 권했다. 회장님도 관심이 있으셨는지 당일 12시 30분에 현장에서 만나기로 하고 현장답사를 진행하였다. 테헤란빌딩은 지은 지 30년이 넘은 노후된 건물이라 임대수익률보다는 토지의 가치를 보고 진행하던 매물이었다. 850억에 매입할 경우에 임대수익률이 약 1.6% 정도 나오는 터라 당시 강남의 평균임대수익률 2.5~3%보다는 낮다고 할 수 있었다.

수익률이 아주 낮은 매물이라 임대수익을 목적으로 하는 매수자도 접근하기 쉽지 않은 매물이었다. 게다가 신축업자가 매입을 한 다음 신축 후 재임대하여 임대수익률을 맞추려고 해도 농협은행과 병의원 등이 입주해 있는 상태라 명도에 상당한 시일이 소요되어 명도비용과 금융비용을 부담하기 어려워 시행사들도 무척 부담스러워했다.

그러나 매수자는 이 매물의 입지 가치를 알아보고 바로 매입하기로 결정을 했다. 문제는 수익률이 나오지 않으니 가격을 50억만 더 협상해달라는 주문이었다. 사실 850억도 아주 싼 급매물인데, 여기에 50억을 더 협상해달라니…. 과연 매도자가 승낙할지는 미지수이고 자칫 잘못 얘기했다가는 매도자에게 욕 얻어 먹기 십상이었다. 그래서 P법인 회장님께 800억으로 금액이 협상될 경우 확실히 매수하겠다는 매입의향서를 주시면 적극적으로 매도자를 설득하여 매매계약으로 잘 진행해 보겠다고 요청하였다. 회장님은 흔쾌히 매입의향서를 써주었다. 의향서를 받아 든 날 밤, 과연 이 금액으로 협상이 가능할까 하는 숙제를 안고 밤잠을 설쳤다.

다음 날 매도 측 담당자와 협상을 진행했다. 가능성은 희박해 보였다. 그당시에 우리뿐만 아니라 다른 매수자 2~3명이 우리보다 조금 더 높은 금액인 850억과 900억에도 매수할 의사가 있고, 이미 매입의향서도 제출된 상태라는 연락을 받았다. 우리가 내세울 만한 거래조건은 계약 후 일시불 지급도 가능하지만 최소 45일 이내 잔금을 지불할 수 있는 조건과, 현재 수익률이 별로 나오지 않지만 명도를 할 필요 없이 임차인을 그대로 승계하는 포괄양도 양수조건으로 계약이 가능하다고 제시했다.

결국은 이러한 조건으로 매도 측 담당자가 매도자를 적극적으로 설득한 끝에 예상 외로 800억에 매매 계약을 하자는 콜 사인을 받았다. 850억도 상당한 급매가격인데 여기에 50억을 더 협상한 800억에 매각을 하겠다니⋯. 정말 대단한 협상가격이었다!

부동산 가격에 정가란 없다

왜 800억 급매가격에 매매가 가능했을까? 그 내용을 분석해 본 결과, 매도측 담당자의 말에 의하면 매도자는 당시에 다른 사업목적으로 긴급히 사용해야 될 목적 사업비가 상당 금액이 급하게 필요하여, 최대한 빨리 매각을 하여 현금을 우선적으로 확보해야만 했던 긴급할 상황이 있었다. 만족할 만큼 좋은 가격은 아니지만 오히려 800억에 매도를 하고 다른 급한 불을 끈 다음, 목적 사업비로 충당하는 것이 매도자에게는 더 좋은 최선의 선택이 되었던 것이다. 매도자에겐 사실상 잔금 지불 조건이 중요했다.

시행사 혹은 자산운용사의 토지사용승낙이나, PF 자금대출 조건의 계약은 애시당초 고려되지 않았던 방식이었고, 잔금 일자를 45일 이내 지급하고 명도문제도 매수자가 임대차계약을 그대로 승계하는 포괄양도양수 조건이라면 800억에도 기꺼이 매매계약을 하겠다는 복안이 있었던 것이다.

기존의 매수자들, 특히 시행사와 자산운용사는 매도자가 임차인 명도를 해주거나 임차인 명도할 기간 동안 잔금일자를 길게 늘려달라는 조건으로 매매계약을 제시해왔는데, 그 당시 1층과 2층에 임차 중인 농협과 상층부에서 병의원으로 운영 중인 임차인들을 단기간에 명도한다는 것은 거의 불가능한 일이라, 현 임대차 관계를 그대로 승계하는 조건으로 진행하였고, 그 대신에 50억을 더 추가로 네고하는 작전이 주효했던 것이다.

사실 강남역 1번 출구 앞 테헤란빌딩에서 30년 이상 영업해오던 농협을 명도하는 것은 정말 만만치 않은 문제였다. 은행의 경우다른 지역으로 옮기려면 금융감독원의 사전승인을 받아야 하는데다 이전에 따른 여러 가지 고려하고 협의해야 될 부분이 많아서 건물 신축을 목적으로 진행했던 시행사와 자산운용사들이 제시한매도자 책임하에 명도해 달라는 매매조건이 맞지 않아 계약이 계속 무산되어 왔었다.

이러한 부분을 잘 알고 있었기에 명도 없이 임차인을 승계한다는 조건만 잘 설득이 된다면 50억을 더 협상한 매매계약도 가능할수 있겠다는 생각을 했지만, 이렇게 전격적으로 계약이 진행될 거라고는 크게 기대하지 못 했었다. 이러한 매도자의 긴급한 사정이매수자에겐 50억 원이라는 가격 절충의 기회가 되었던 것이다.

초우량 매물은 준비된 매수자만이 누리는 특권이다

강남역 앞 대로변 코너에 입지한 이런 우량 매물이 급매로 나오는 경우는 손에 꼽을 정도로 찾기 힘들 뿐더러, 매수하려는 고객들이 많은 관계로 급매로 나오기 바쁘게 바로 계약으로 진행되는 경우가 많다. 이런 매물은 확실하게 준비된 매수자가 아니면 살 수 없는, 준비된 매수자만이 누릴 수 있는 특권일 것이다. 강남역 앞 대로변 코너의 입지에서 또다시 이런 특A급 매물이 정상가격이 아닌 급매 금액으로 추가로 더 나올지는 알 순 없지만, 이런 매물은 시장에 알려지기도 전에 조용히 계약이 될 수밖에 없어 거의 대부분 컨설턴트들이 암암리에 작업을 하고, 계속 매물 개발을 하고 있을 수밖에 없는 상황이다. 이런 매물을 찾는 매수자가 많으니 당연한 일이 아니겠는가?

P법인은 자기자본 400억과 추가로 400억을 대출받고, 등기비용 등을 지불한 다음 본 빌딩을 매수할 수 있었다. 빌딩 매수 목적으로는 향후 직접 사용도 고려되어 있었고, 아울러 미래가치도 매입 이유로 톡톡히 한몫을 했던 것이다.

5년 만에 1,310억의 차익을 실현한 빌딩, 2,110억 원에 거래하다

이 빌딩은 상당한 시일이 지난 2021년 4월 6일, 2,110억에 다시 새 주인을 만났다. 매매 계약을 하고 잔금정산을 한 날짜가 5월 21일이니 매수한 지 4년 6개월 만에 1,310억 원이라는 차익을 실현하여. 수익률 163.7%를 달성한 아주 성공적이 사례가 되었다.

매수자는 캐시 플로(cash flow)가 훌륭한 업체로, 매입 후 부동산 가격이 연일 상승하여 성공적인 투자 사례가 되었다.

영림빌딩 계약은 여러 면에서 나 자신을 깜짝 놀라게 한 경험이었다. 시세 2,110억 원에 형성된 우량빌딩을 매도자와 매수자 양쪽을 다 핸들링하여 매매계약을 잘 성사시킨 사례였기 때문이다. 2,110억이라는 큰 금액대의 빌딩매매는 주로 자산운용사나 시행사들이 핸들링하는 경우가 많은데, 이 세계에서 조그마한 공인중개사인 중개법인 대표가 매도자 매수자 양쪽을 중개하여 이를 잘 성사시켰다는 일에 큰 자부심을 느끼는 계기가 되기도 했다. 정말 하늘이 도운 최고의 계약이었다.

밸류업 매물 찾기

상권분석이 끝나고 어느 지역으로 어떻게 투자할 것인지 방향성이 잡혔다면, 본격적으로 투자 가치를 상승시킬 수 있는 밸류업 매물을 찾아보기로 하자.

투자 유망매물은, 나의 준비된 자금의 범위 내에서 매수 후 임대수익이 꾸준히 나오면서 향후 매각 차익도 실현할 수 있는 저평가된 매물을 대상으로 찾아볼 수 있다. 우량매물을 잘 선택하여 매입 후 약간의 리뉴얼 공사를 통해 우량임차인으로 임대를 맞추어 수익률을 향상시킬 경우, 블루칩 상가빌딩으로 밸류업된 대박빌딩이 될 수도 있다.

개발호재가 있는 지역이 향후 가격상승할 가능성이 높다

저자가 중개한 논현동 16-39번지 신사역에 소재한 Q빌딩 투자

건의 경우이다. 신분당선이 들어오기 전 2016년 6월에 27억9,000만 원에 매입 후 증축 및 대수선을 통해서 임차수익율을 높이고 2019년 06월에 57억으로 좋은 가격에 매매하여 매각차익을 실현한 사례이다.

2022년 5월에 신분당선이 개통되어 더블역세권이 되면서, 현재는 유동인구 유입이 지속적으로 늘어남에 따라 지가가 계속 상승하고 있다. 향후 위례~신사선이 추가로 예정되어 있어 트리플 역세권이 될 경우 부동산가치 상승은 계속 이어지리라 생각된다. 개발호재가 있는 지역의 매물은 결국 개발이 가시화될 때마다 가격이 엘리베이터식으로 혹은 에스컬레이터식으로 상승할 수밖에 없는 영순위 투자매물이다. (참조 7-2 신사역 Q빌딩 리모델링)

북향의 대지를 사라

건축법의 일조권 제한으로 북향의 대지가 남향의 대지보다 효용 가치가 훨씬 좋다. 노후된 건물을 철거 후 신축할 때 건물을 반듯하게 올리려면 남향보다 북향이 훨씬 유리하다.

남향의 건물은 일조권 영향으로 층별 건축물이 계단식 모양으로 올라가고, 나중엔 남은 용적율조차 다 찾아 먹지 못하는 경우도 있기 때문이다. 용도지역 분류상 상업지역을 제외한 용도지역의 토지는 북향을 사야 일조권을 피할 수 있다.

코너 매물을 사라

코너 부지의 경우 중간에 끼인 부지보다 활용도가 높다. 측면을 통해 진출입이 가능한 주차장을 설치하여 1층 전면 전체를 상가로 임차할 수 있어서, 높은 임대료를 받을 요건 조성이 가능하다.

중간에 끼인 필지의 빌딩은 1층에 차량 진출입로를 확보하고 주차장을 확보해야 해서 1층이 반 이상 줄거나 필로티 주차장으로 만드는 경우가 발생할 수도 있다. 이 경우 1층 상가면적이 1/3~1/2로, 혹은 심하면 1층 전체를 필로티 주차장으로 만들어 1층에서 벌어들이는 임대수익이 더 많이 줄어들 수도 있다.

통상 꼬마빌딩 임대료의 경우 1층이 전체 임대의 1/3 혹은 반 이상을 차지하는 경우도 있어서 코너부지의 매물을 매입하여 1층의 활용도를 최대한 높이는 것이 좋다.

토지 모양이 정방형인 것을 사라

토지 모양이 폭은 좁고 깊이가 긴 토지보다는 정방형으로 사면이 반듯한 토지가 건축설계를 할 때 효율적으로 잘 나온다. 폭이 좁고 긴 토지의 경우는 건축선 후퇴에 적용될 경우 건물의 폭이 훨씬 더 좁아져서 건축물의 효용도가 떨어지는 경우가 많아 바로 옆의 토지를 추가 매수하여 신축하는 경우가 많다. 될 수 있으면 정방형 토지를 구입하는 것이 신축할 때 건축물 모양이 잘 나오고 팔 때도 제값을 받을 수 있다.

대로변과 이면도로를 합치는 방법도 고려해 보자

강남대로변 논현역과 신논현역 사이에 소재한 논현동 164-2번지 이야기이다. 건물과 건물 사이에 끼인 빌딩으로 1층 상당 부분 면적이 주차장 진입로로 활용되어 1층 점포 효율성이 떨어지는 상태를 극복해야 좋은 빌딩으로 개선될 수 있다. 본 부지 이면에 붙은 논현동 164-16번지가 소유자의 긴급한 사정으로 급매물로 나왔다. 논현동 164-2번지 소유자에게 "이건 복이 넝쿨째 굴러온 케이스이다. 만약 거꾸로 본 부지의 단점을 극복할 목적으로 이 부지를 매입하려고 달려들면 가격이 1.5~2배도 올라가는 경우가 허다하다. 본 부지가 급매물로 나왔으니, 사지 말아야 될 이유가 없어 보였다. 매입할 경우 상당한 메리트가 있는 걸로 분석이 된다."라고 했다. 하지만 건물주는 자금력이 받쳐주지 못해서 매입을 할 수 없다고 했다. 매입할 준비가 되지 않은 것이다.

만약 매입할 경우 반사이익은, 첫째, 이면에 있는 토지가격이 강남대로변과 동일한 가격(약2.5배)으로 올라가는 것이 보였고, 둘째, 현재 전면에 입지한 차량 진출입을 뒤쪽 이면도로를 통해 운영하면 강남대로변 건물 전면을 점포로 운영하여 임대수익율을 개선함과 동시에 차량 진출입 문제도 완벽하게 해결될 수 있었다. 이면에 있는 부지를 매입하여 빌딩 가치를 밸류업하는 방법도 한번 고려해 볼 일이다.

개선 가능한 맹지를 사자

맹지인 것 같으면서 맹지가 아닌 입지의 매물이 있다면 싼 값에 취득할 좋은 기회가 될 수도 있다.

구거가 있어서 토지가 단절된 경우는 교량을 놓아서 도로길을 확보하여 건물을 신축할 수 있다. 교량으로 연결하면 맹지의 단점을 극복할 수 있고 이 경우 토지의 가치는 더 상승할 수밖에 없다. 매입 해당 부지는 맹지이지만 대로변에 접한 토지로, 국유지나 시유지가 있을 경우 도로점용 허가를 통해서 건물 신축을 할 수 있다면 큰 이익을 볼 가능성도 있다. 사전에 시청이나 구청 담당공무원과 충분한 협의를 해 보고 건축사를 통해서 설계를 받아 본 후 건축이 가능하다면 의외로 좋은 투자가 될 수도 있다.

국공유지가 접한 땅도 유심히 분석해 보자

매입 대상 부동산이 국공유지와 붙어 있다면 유심히 잘 분석해 보자. 국공유지가 맹지인 상태로 해당 부지와 붙어 있는 경우라면 향후에 토지 가치 상승을 염두에 두고 국공유지를 싼값에 불하받는 영순위가 될 수도 있다. 당장 매각계획이 없다면 국공유지를 주차장이나 휴게공간 등으로 활용할 수도 있어서 건물가치를 밸류업시켜 줄 수 있는 요인이 많아 잘만 하면 대박투자가 될 확률이 높다.

토지를 분할하여 밸류업 할 수 있는 경우

서울 소재 일반상업지는 4m 미만 도로폭일 경우 최대연면적 2,000㎡ 이하로 건축해야 되므로 용적율 적용 최대면적에서 역산하여 남는 토지는 분할해서 건축할 경우 이득이 될 수 있다. 토지 분할 가능 여부를 시청이나 구청공무원에 의뢰해 보고 토지분할로 가치를 밸류업하는 방법을 찾아보자.

강남대로와 이면부지를 합병하여 밸류업 하는 방법

반포동 722-37번지와 722-35번지를 합쳐서 신축할 경우 엄청난 메리트가 있다. 반포동 722-37번지 소유자는 722-35번지를 절대적으로 필요로 하는 상황이다. 본 부지 앞에는 지하차도가 있어서 차량 진출입이 불가하여 사실상 맹지처럼 보이는 토지이다. 이를 극복하기 위해선 이면의 부지를 매입해야 되는데, 현재 이면부지 722-35번지 소유자는 매각할 의사가 없어 보인다. 아마도 시세보다 2배 이상은 되어야 협상이 될 듯하다.

제3종일반주거지역 건물

건축법이 시행되기 이전에 지어진 제3종일반주거지역의 빌딩이 용적율 250%를 훨씬 상회하는 경우와, 제2종일반주거지역의 빌딩이 용적율 200%를 훨씬 상회하는 경우, 노후된 건축물은 신축보다 리모델링을 진행하는 것이 용적율 손해를 보지 않고 유리할 수 있다. 신축을 할 경우 현행 건축법을 적용받아서 용적율과 건폐율 모두 현저하게 줄어드는 경우가 많기 때문이다.

대로변 경사지 코너에 있는 입지 좋은 부지를 눈여겨 보자

경사지 코너 부지를 잘 활용하면, 건축법상 지하층에 해당되지만, 실제로는 1층으로 활용할 수도 있어 용적율 상향 효과가 있는 부지가 될 수도 있다. 지하층은 건폐율보다 훨씬 더 넓게 할 수도 있어서 1층의 임대수입을 더 많이 늘리는 방안이 될 수도 있다.

화장하지 않은 원석을 찾아라

노후된 건물에서 노부부가 4층에 거주하면서 10년 전 임대료 금액 그대로 임차하고 있는 장기임차인들로 구성되어 있고, 현재 수익률이 제대로 나오지 않아 가격이 저평가 된 경우, 이 매물은 투자대상 1호 매물이다. 매입 후 명도가 수월하고, 간단한 리모델링 공사나 신축 후 충분히 밸류업이 가능한 매물이라면 최선의 선택이다.

경매나 공매로도 우량매물을 찾아보자

경매나 공매로도 우량매물이 나오는 경우가 있다. 가족 간의 재산분쟁 문제로 경·공매로 매각되는 사례와 세금 문제를 해결하지 못해서 공매로 나오는 경우도 허다하다. 가끔 경매 빌딩건물에 유치권 행사 중이라는 내용이 있는데, 이런 매물의 경우는 경매로 진행되는 도중에 3~5차례까지 유찰되는 경우도 많다. 사실 유치권

자체가 대부분 권리로 인정받지 못하는 경우도 상당히 많이 있어, 경·공매로 진행되는 매물 중에서 대항력이 없는 유치권을 깰 수 있다면 이것 또한 대박인 매수거래가 될 가능성이 있다.

빌딩을 사옥 용도로 구입하기

회사를 위한 일석삼조, 사옥 매입

사옥을 매입할 때 가장 큰 장점은 회사의 브랜드 이미지 제고와 고객 신뢰도를 높이고, 비싼 임대료를 내는 대신에 낮은 은행이자로 대체하여 지출을 줄이며, 향후 빌딩 자산가치의 상승을 볼 가능성이 높아서 레버리지 효과까지 톡톡히 누릴 수 있다는 점이다. 저금리 기조에서는 기업에서 임대료를 내는 것보다 대출을 받아서 사옥을 매입한 후 매달 이자를 내는 것이 훨씬 더 경제적이다. 게다가 인플레이션 경제 하에선 건물 가격과 물가가 하루가 다르게 계속 상승하니 인플레이션 헤지 기능에도 최고의 투자효과가 발생할 수 있다.

최근 들어 금리에 비해 높은 사무실 임대료로 인해 사옥을 직접 매수하려는 법인들이 부쩍 늘어나는 추세이다. 빌딩을 매입하여 건물 리모델링을 통해 회사 브랜드 가치를 높이고, 남아도는 여유 공간은 다시 임대를 주어서 임대료 수입을 얻으면서 인플레이션으로 빌딩 자산가치까지 올라가니 일석삼조의 효과를 톡톡히 보고 있다.

사옥 매입 시 유의할 점

사옥을 매입하기 위해서는 다음과 같은 내용에 유의해야 한다.

첫째, 회사에서 사용하고자 하는 건축물 용도와 맞는지 확인하여야 하고, 용도가 다르다면 업무시설 등 사용목적 용도로 변경이 가능한지를 꼭 확인하고 매입해야 한다.

둘째, 임차인 명도 일자를 사옥으로 사용하고자 하는 날짜로 맞출 수 있는지 확인한다. 명도는 누구도 장담할 수 없는 부분이라 신중해야 한다.

셋째, 직원들 출퇴근 길이 용이하고 숙식을 잘 해결할 만한 입지에 있는지 등을 고려해야 한다. 이왕이면 전철역 도보 5~10분 거리로 주차장까지 잘 정비되어 있으면 좋다.

넷째, 법인명의로 매입할 경우 취득세 중과 여부에 해당되는지를 반드시 확인해야 한다.

지방세법에 따라 대도시에서 법인을 설립하거나 지점 또는 분사무소를 설치하는 경우, 법인의 본점, 주사무소, 지점 또는 분사무소를 대도시 밖에서 대도시 내로 전입해 부동산을 취득하는 경우 취득세가 중과된다. 이러한 취득세 중과세는 법인 또는 사무소 등의 설립, 설치, 전입 이후 5년 이내에 부동산을 취득하는 경우에 해당한다(법인세 중과사례 특별부록을 참조).

법인으로 매입 시 취득세가 중과되는 경우

취득세 중과세율 비교

구분	취득세	지방교육세	농어촌특별세	계
표준세율	4%	0.4%	0.2%	4.6%
취득중 과세율	8%	1.2%	0.2%	9.4%

중과되는 금액은 취득세 기준세율 4.6%에서 9.4%로, 4.8%를 더 내는 셈이 된다. 중과되는 경우는 과밀억제권역 안에 사업장을 둔 법인들 중에서 설립한 지 5년 미만의 법인이 부동산을 취득할 때이다. 이는 투기 세력을 1차적으로 차단하기 위한 규정으로, 5년이라는 기간을 적용 기준으로 정한 것이다. 단, 과밀억제권역 밖에 사업장이 있는 법인이 과밀억제권역 밖에서 빌딩을 매입할 때는 문제가 없지만, 과밀억제권역 안에 위치한 빌딩을 매입할 때는 취득세가 중과되는 경우가 있다. 과밀억제권역은 인구 및 산업이 과도하게 집중되었거나 집중될 우려가 있는 지역으로, 해당 지역으로의 과도한 이전을 막기 위해 설정한 것이다. 그래서 과밀억제권역 밖에 있는 법인이 과밀억제권역 안에 있는 빌딩을 법인사옥

등 사용목적으로 매입한다면 취득세가 9.4%로 중과된다.

그런데, 과밀억제권역 밖에 있는 법인이 과밀억제권역 안에 위치한 빌딩을 사용목적이 아닌 임대목적으로 매입한 후 모두 임대를 주고 임대 및 투자수익을 목적으로만 운영한다면 취득세는 중과되지 않고 일반적인 4.6%를 적용받는다. 단지 주의해야 할 점은 법인의 사무실이 과밀억제권역 안으로 이전을 하지 않아야 한다. 법인의 본점이나 지점 형태 등의 분사무소도 과밀억제권역 안으로 이전하지 않아야 한다는 점은 유의하여야 한다.

HJ스포텍 법인사옥 매입 성공 사례 : 사용목적에 충실하라!

저자가 중개한 강서구 화곡동에 소재한 HJ스포텍의 사옥 빌딩 매매 사례를 얘기하고자 한다. HJ스포텍은 방화복과 스키복 같은 특수복과 특수 장갑, 헬멧을 전문으로 제조·판매하는, 수출을 위주로 영업하는 중견 회사다.

사세 확장으로 업무 공간이 좁은 문제로 고민을 하던 중 저자에게 사옥용 빌딩 매수를 의뢰하게 되었고, 약 2년 동안 함께 매물을 답사하고 결국은 계약을 성사했다.

HJ스포텍의 오너인 이 회장님은 과묵한 분으로 차분하고 인자한 성품이었다. 현재 사용하고 있는 대지 480평, 연면적 935평은 날로 커져가는 사세에 비해서 사무공간이 좁고, 확장공사를 하려고 해도 한계가 있는 상황이라 사옥매입을 적극 검토하고 있었다. 희망 지역은 본사가 입지한 강서구와 양천구, 영등포구 인근에 있는 사옥용 빌딩을 1순위로 찾고 있다고 했다.

　이 회장님과 충분한 내용으로 확인한 결과, 매주 1회씩 화물탑차의 상하차가 원활하게 이루어질 수 있고, 직원들 출퇴근이 용이한 입지에 위치한 매물을 찾고 있음을 확인하고, 나중에 담당자 이이사와 함께 약 1년 반 동안 머리를 싸매고 쫓아다녔다. 당사가 수출을 위주로 한 회사이고, 직원들 출퇴근이 용이한 적당한 입지에 있어야 되며, 1주일에 한 번쯤은 컨테이너를 실은 대형 트레일러 차량이 물건을 하차할 공간이 있는 빌딩 매물이어야 한다는 조건이 따라 붙어서 찾기가 여간 어렵지 않았다.

　당사의 데이터베이스에 저장되어 있는 15,000여 개 빌딩 매물을 모두 검색한 결과, 동작구 사당동에 입지한 EXR빌딩이 있어서 적극 브리핑을 하였다. 그러나 회사의 소재지가 강서구이므로 가능하면 회사 소재지 인근으로 원해서 다시 다른 빌딩을 중개하였다.

　당사가 추천한 두 번째 매물은 HJ스포텍이 찾는 영등포구 양평동3가 50번지에 소재한 빌딩으로, 그 당시 본 건물 전층을 BMW 전시판매 매장으로 사용 중이던 건물인데, 각 층별 높이가 4.5m 전후의 철골콘크리트 구조로 중간에 기둥 하나 없이 견고하면서 시원하게 잘 설계된 빌딩이었다. 준주거지역이라 당시에 용적률 215%, 건폐율 56.9%였는데, 용적률에 여유가 있어서 증축도 가능하게 보였다. 본 매물을 이 회장님, 이 이사와 함께 현장답사를 했고, 본 빌딩이 마음에는 드는데 지하의 자동차AS센터 구조변경과 건물 증축이 가능한지 확인해달라는 요청이 있어서 Y건축사 송 대표와 한 대표, 그리고 이 이사를 동반하여 세부 실사를 진행하였다.

며칠 뒤 건축물 가설계 도면이 나왔다. 건물의 용도변경이 가능하고, 부지 내에 트레일러 진출입로를 잘 확보하면서, 건축물 바닥 면적을 지금보다 조금 더 넓히고 지상 2~3개층으로 증축하면 랜드마크형 건축물로 리뉴얼이 가능한 걸로 판단되어 본 매물을 계약 완료하였다. 물론 이때 의뢰했던 Y건축사에서 설계 및 증축을 진행하여 매수자도 만족할 만한 멋진 사옥으로 건물을 완성하였다.

증축과 용도변경으로 멋지게 매입과 변신에 성공

이 빌딩은 매입 후 증축 등 대수선을 하여 예전의 지하 2층~지상 5층, 연면적 1,933평 건물을 현재 지하 2층~지상 7층, 연면적 2,800평 건물로 리뉴얼하여 성공적으로 잘 입주한 사례이다. 당시 매입가격이 260억 원이었다면, 지금 증축과 대수선을 하고 난 시점의 빌딩 가치는 약 750억 원 정도로 추산되는 사옥으로, 사업목적을 달성하고 자산가치 차원에서도 성공한 투자사례이다. 본 건물 매매잔금을 하는 날, 매수자 이 회장님께 앞으로 HJ스포텍 회사가 하늘의 별이 빛나는 것처럼 날로날로 성장, 발전하는 기업이 되길 염원하며 국내 유명 작가가 직접 유화로 그린 고흐의 "별이 빛나는 밤"에 그림을 정성스럽게 선물하였다.

그리고 예전에 HJ스포텍이 사옥으로 사용하고 있던 강서구 화곡동 886-8번지 구사옥 빌딩도 그해 2021년 1월에 매각을 완료하여 신사옥을 매입해 주고 다시 기존 구사옥을 매각하는 좋은 실적을 거둘 수 있었다. 물론 매각한 금액도 이 회장님이 만족하는 액수로 잘 계약하였다.

2023년에는 유독 사옥을 직접 매입해서 사용하려는 법인회사들이 계속 늘어나고 있는 추세이다. 점점 높아지는 사무실 임대료를 지급하면서 매번 임대기간 만기 때마다 임차료 증액문제와 사옥 이전을 고민하는 것보다는 사옥을 매입하는 것이 훨씬 더 장점이 많다고 판단했기 때문이다. 비싼 임대료를 내느니 차라리 법인의 현재 자본금과 대출로 사옥을 매입하여 사무실 임대료 대신 은행이자를 지출하는 것이 인플레이션과 물가상승으로 인한 현금자산의 가치 하락을 보전하는 수단이 된다고 판단한 것이다. 사옥을 매입할 경우 장점은 부동산 시세 상승에 따른 법인의 자산가치 상승 효과를 볼 수 있고, 법인에서 직접 사용하지 않는 잉여면적은 다른 임차인에게 임대함으로써 추가로 임대 수익까지 거둘 수 있어서 일거양득인 결정이 되는 셈이다. 게다가 회사 이미지에 맞게 건축물을 잘 리모델링할 경우 회사에 대한 신뢰도를 높임과 동시에 회사브랜드 이미지를 높일 수 있으므로 일석삼조를 훌쩍 넘는 이익이라 사옥을 매입하지 않을 이유가 없는 것이다.

여기에 사옥투자의 팁을 하나만 더 보탠다면, 사옥을 리모델링이나 신·증축할 때 기업의 오너나 CEO가 좋아하는 보편적이지 않은 특이한 형태와 공간구조는 지양할 필요가 있다. 외양과 사옥 이미지에만 치중한 나머지 건축물 효율성을 떨어뜨리는 신·증축은 나중에 매각할 경우 상당히 낭패를 볼 수도 있으므로, 남들이 좋아할 수 있는 구조를 염두에 두고, 개성 있고 특색이 있으면서도 효율성이 높은 빌딩으로 리모델링할 것을 권장한다.

강남역 테헤란빌딩 매입 성공사례
: 입지가치에 방점을 두라!

　빌딩 투자에서 가장 중요한 것은 첫째도 입지, 둘째도 입지, 셋째도 입지이다. 그만큼 입지는 아무리 강조해도 지나치지 않는다. 입지로 대박 친 빌딩 투자에 대해서 이야기하려고 한다. 강남구 역삼동 825-17, 33번지 테헤란빌딩의 이야기이다. 이 빌딩이 최초에 저자에게 접수된 것은 2015년 2월 초, 1,150억 원에 접수가 되었다가 1,100억까지 조절이 가능하다고 변경된 매물이다. 강남역 1번 출구 앞 코너의 탁월한 입지에 소재한 A급 매물이었다. 이 매물은 D중개법인에서 물건 교류 중에 접하게 된 매물이라 아주 많은 사람들에게 알려져 있던 유명한 매물이었다.

　최초에 외국계 회사 E중개법인에서 전속으로 진행하였던 매물이었지만, 매각을 못한 채 표류하다가 P에셋 김 전무에게 다시 전속으로 매각을 진행한 매물이었다. 이 매물이 저자에게 접수되기까지는 상당한 시일이 지난 뒤, 매가 850억에 급매로 진행한다는 정보가 입수되었다. 하지만 그 당시에 이 금액을 신뢰할 수 없었다. 강남역 1번 출구, 탁월한 입지의 매물이, 불과 2년 전만 하더라도 1,100억 원의 매수자가 있었음에도 매각을 하지 않던 매물이 850억 원이라니? 처음에는 그냥 흘려 넘기려다가 혹시나 하는 마음에 이 금액이 정확한 건지 알아보아야겠다는 생각에 정확한 루트를 통해 확인을 의뢰하였다. 결과는 믿기지 않을 정도로 정확히 850억에 급매로 나온 게 분명했다. 더 이상 망설일 이유가 없었다.

강남역 1번 출구 대로변 코너에 입지한 일반상업지역 빌딩 매물이 300억 원이나 낮은 850억이라니? 사정은 이러했다. 매도측 담당자의 말에 의하면 매도자가 기존에 진행 중이던 사업투자 자금이 급한 상황이라 빨리 현금으로 정리하지 않으면 심각한 문제가 발생하기 때문에 급매라도 서둘러 매각하여 현금을 확보해야 되는 사정이 있었던 것이다. 나는 이 매물을 P법인 회장님께 브리핑을 드렸는데, 당일에 바로 현장답사를 하고 불과 2주일 이내 매입을 결정하여 최종 합의금액 800억 원에 2016년 10월 10일 매매계약을 완료시켰다. 매수자는 정말 만족할 만한 아주 낮은 금액에 매수할 기회를 얻은 것이다. 이 빌딩은 기업의 사용목적과 투자 가치 보존 목적으로 매입을 하였는데, 5년 뒤 2021년 1월 말에 이 건물 상가 임차인을 모두 명도하고 빌딩 신축 개발 시안을 잡았었다. 하지만 코로나로 인한 부동산 임차수요 하락과 건축비용 상승으로 빌딩 신축계획을 접고 건물 전체 통임대로 보증금 30억, 월세 3

억으로 저자가 전속임대를 맡아 진행하게 되었다. 임대를 적극적으로 진행했지만, 코로나 당시 대부분 기업들이 긴축재정으로 보수적인 영업을 하여 기업수요가 많았던 브랜드숍으로의 임차수요가 없어서 결국 숙고에 숙고를 거듭한 끝에 이 빌딩을 매각하기로 결정하였다.

그리고 이 빌딩을 2021년 4월 6일에 다시 2,110억에 매매를 완료하였다. 입지의 중요성을 상당히 중요시하는 중견 Y기업의 H회장님이 인연이 되어 이 빌딩의 주인이 되었다. 매입 당시 2,110억이었지만, 지금은 2,800억 원에도 러브콜이 들어올 정도로 우량매물을 잘 매수한 셈이 되었다.

이 빌딩의 전체 매매가격 2,110억이라는 높은 금액에도 불구하고 계약이 된 가장 큰 원인은, 본 빌딩이 위치한 탁월한 입지 가치 때문이다.

강남역 1번 출구 바로 앞 코너에 입지한 빌딩이라는 입지 프리미엄이 꼭 필요한 사람에겐 다소 높게 보이는 금액일지라도 과감하게 계약을 하게 만든 것이다.

강남에서 빌딩에 투자하는 이유는 입지의 희소성이 가격을 크게 증폭시키는 역할을 하고, 대기 매수 수요가 풍부하기에 가능한 계약이었다. 이렇게 큰 계약을 매도자, 매수자 둘 다 조정하여 중개하다니, 하늘이 도운 계약임에 틀림없었다.

지금은 기존에 계속 진행해 왔던 중소형 빌딩매매에 인원을 더 보강하고, 더 많은 매물정보 확보와 중개 협상력을 높여 계약에 집중하는 것을 목표로 하며, 대형부동산은 자산운용사와 협업관계를 맺고 2,000억에서 7,800억 사이 대형빌딩과 호텔, 골프장, 물류창고 등의 투자매물을 조용히 진행하고 있다. 컨설턴트의 역할은 부동산 규모가 대형 소형을 가릴 것 없이 매도자, 매수자의 니즈에 맞게 우량매물을 개발하여 잘 중개하는 일이라 입지가치가 탁월하고 희소가치와 투자성이 있는 매물을 지속적으로 개발하여 제2의 강남역 테헤란빌딩 계약을 준비하고 있다.

4장

빌딩
매매계약

빌딩매매계약은
어떻게 진행할까?

　빌딩매매계약 일정이 잡히면 계약 며칠 전부터는 모든 것이 비상상황이 된다. 매번 반복되는 계약이지만, 계약을 하루 앞둔 날에는 잔뜩 긴장한 상태로 잠도 제대로 청하지 못하고 때론 뜬눈으로 밤을 지새는 경우도 있다. 강남역 1번 출구 앞 테헤란빌딩(현, 영림빌딩)을 매매계약하기 하루 전날에는 거의 잠을 제대로 이룰 수 없었다. 내일이 계약날짜인데, 매도측 변호사가 보내준 계약 내용이 너무 난해하게 작성되어 있어서 자칫 잘못하면 매수측에서도 변호사를 선임하겠다고 들이댈 판이었다. 따라서 내일이 계약하기로 약정한 날인데, 제대로 계약이 잘 성사될지 미지수였기 때문이다. 다행히 지혜를 내어서 계약내용 중 일반적인 사항은 모두 그대로 놓아두고 매도자, 매수자가 민감하게 생각할 수 있는 제일 중요한 내용만을 잘 조율하여 특약사항에서 명확히 기재한 다음 매수측에 충분하게 잘 설명하여 매매계약서를 작성 완료하고, 전체 매매대금 2,110억 중 계약금 10%인 211억을 송금완료 하여 계약을 성공적으로 잘 성사시켰다.

빌딩중개를 전문업으로 하는 컨설턴트들도 막상 계약 상황이 되면 전쟁터에 나서는 용사처럼 잔뜩 긴장을 하고 실수를 줄이려고 좀 더 치밀하게 준비를 하게 되는데, 큰 금액으로 거래되는 일평생에 한두 번 정도로 발생하는 매매계약을 앞둔 매도자와 매수자는 더한 스트레스를 받는 것도 어찌 보면 당연해 보인다. 이 금액대에 잘 파는 것인지? 이 금액에 잘 사는 것인지? 그리고 매매계약이 아무 문제 없이 안전하게 잘 성사될 것인지? 늘상 부딪히는 질문이다. 빌딩을 매매하기로 마음 먹었다면 안전하게 잘 성사시키는 것이 무엇보다 중요하다.

우리나라는 등기에 공신력이 없기 때문에 매도자 진위 여부가 무엇보다 중요하다. 통상 매매계약일 전에 전문 공인중개사들이 갑구란의 소유권과 을구란에 설정된 권리내용을 철저히 분석하고 계약 당일에는 매도자, 매수자의 요구사항을 포함한 계약 내용에 집중하는 경우가 많다. 내일로 잡힌 매매계약이 어쩌면 전 재산이 될 수도 있는 큰 계약건인데, 빌딩매매계약의 양 당사자들도 계약 진행 전 과정을 잘 숙지하고 있으면 계약으로 인한 막연한 두려움이나 스트레스를 줄이고 현명하게 잘 대처할 수 있다. 본 장에서는 빌딩매매 계약과 관련된 전반적인 내용과 매도자, 매수자가 각각 준비해야 할 서류, 그리고 계약이 진행되는 전 과정에서 곰곰히 되새김해 볼만한 내용을 담아 보기로 하였다.

빌딩매매계약 시 중요 체크사항

　입지분석, 상권분석 그리고 시세분석, 권리분석까지 마치고 이제 매수하기로 결정하고 계약장소에 나갈 약속 시간이 잡혔다면, 다음으로는 계약 내용에 집중해야 한다.

　계약서만 잘 작성해도 상당한 이익을 보는 경우가 있다. 예를 들면, 빌딩 전체를 사옥으로 사용할 목적의 매매계약일 경우 임차인 명도를 매도자, 매수자 중 누구 책임으로 하느냐에 따라 명도비용이 절감되기도 하고, 반대로 부담을 갖게 되는 경우가 있고, 또한 잔금일자를 언제로 잡느냐에 따라 재산세의 부담 주체가 달라질 수 있으므로 잔금 날짜로 매도자, 매수자 간 기싸움을 하기도 한다. 매년 3~5월에 빌딩을 매매계약할 때마다 잔금을 5월 말까지 하느냐, 6월 이후로 하느냐로 늘상 매도자 매수자 간의 기싸움이 시작된다. 계약서 작성은 매매거래를 안전하고도 원만하게 잘 마무리하기 위한 중요한 과정으로, 중개하는 사람의 역할이 상당히 중요한 부분으로 작용한다고 할 수 있겠다.

계약 시 체크해야 할 사항을 알아보기로 하자.

빌딩매매 계약 전 체크사항

매수하기로 결정하고 계약장소에 나가기로 약속시간이 잡혔다면 그 전에 매수자가 사전 확인 및 준비해야 될 내용을 알아보기로 하자.

1. 매도자가 왜 팔려고 하는지 정보가 있는지?
2. 건축물대장과 건물현황이 일치하며 위법건축물은 없는지?
3. 건물 용도변경이나 신축 시 제약사항은 없는지 확인(토지이용계획확인원 체크. 지구단위계획 지정여부와 도시계획시설에 포함된 지역인지? 기타 규제사항은 없는지…)
4. 잔금 대출 발생 시, 대출가능금액과 이자율, 대출 발생 일자를 잔금일에 맞출 수 있는지
5. 임대차내용을 승계받을 경우 건물분 부가세 별도로 포괄양도양수 성립 여부 확인 - 중개컨설팅회사에서 확인
6. 취득세는 얼마 정도 나오는지
7. 매매 대상물 범위 확인하기. 지상에 수목이나 지장물, 고가의 설치물 등도 포함되었다면 별도 매매목록 작성

8. 공부서류에 등재되지 않는 숨은 권리가 있는지 확인. 유치권을 주장하는 사람은 없는지, 매도자가 세금을 줄이기 위해 관청과 이면 합의한 내용으로 토지이용상 제약사항은 없는지, 혹은 대상부지 지하에 지하철이 관통한다거나, 한전에서 지중권을 설정하여 지하에 전기컨트롤박스가 매설된 경우인지 등 확인

9. 계약 시 매도자, 매수자가 준비할 구비서류는 무엇인지 확인

빌딩매매계약 시 확인 사항

등기부등본상 소유자와 매도자가 일치하여 권리상에 아무 문제가 없다면 안심하고 계약을 진행해도 된다. 빌딩매매계약 시 작성할 서류는 매매계약서, 중개대상 확인설명서, 임대차 포괄양도양수계약서이다. 옵션 사항으로 매수자가 요청할 경우 임대차 현황확인서는 컨설팅회사에서 참고 확인용으로 작성해 주는 자료이다.

빌딩매매계약서를 작성하면서 확인할 내용은,

1. 등기부등본상의 소유자와 실제소유자가 일치하는지 확인한다.
   - 정부24를 통한 신분증 진위 여부와 등기사항전부증명서(등기부등본)상 소유자와 일치 여부 확인(통상적으로 중개법인에서 확인 설명함)
   - 매도자가 대리인일 경우 실제 소유주와 통화 및 녹음

■ 대리인이 부부라고 하더라도 일상가사대리권의 범위를 넘어선 부동산 매매는 위임장에 본인이 직접 발급받은 인감증명서 첨부 및 안전한 거래내용 확인을 위해 녹취를 함.

2. 매도측이 제공한 임대차계약서 내용과 임대차 현황이 일치하는지 확인

〈빌딩매매계약서 작성 시 준비 서면〉

1. 매매계약서
■ 매매계약서 특약사항에 "건물분부가세는 별도이며, 포괄양도양수하기로 하며, 포괄양도양수가 불가할 경우 매도자는 세금계산서를 발급하고 매수자는 잔금 시 매도자에게 건물분 부가세를 별도 납부하기로 한다."를 기재한다.

2. 중개대상물 확인설명서 (중개업소에서 작성)

3. 포괄양도양수계약서
■ 포괄양수도계약서를 별도 작성하고 매도자, 매수자가 기명날인한다.

4. 옵션 준비자료 (임대현황확인서)
■ 임대현황확인서를 작성하여 매도자, 매수자가 상호 날인하고, 임대차계약서 복사본과 함께 철하여 교부한다.

※ 부록 참조 : 매매계약시 매도자, 매수자 준비 서류

〈빌딩매매계약서 작성 후〉

1. 빌딩매매 계약 후 매수자는 매매계약서와 포괄양도양수계약서, 신분증을 지참하고 세무서를 방문하여 임대사업자등록을 바로 진행할 수도 있으며, 잔금 후 20일 이내는 등록하여야 한다.

2. 매매계약 체결일로부터 30일 이내 부동산 거래 신고

3. 빌딩매매계약서 작성 후 경우에 따라선 매도인이 임차인들과 임대차 승계여부를 별도로 확인받아 주기도 한다. 임차인들에게 임대인이 변경되는 것에 동의를 한다는 내용으로, 기존 임차인이 임대인 변경 시에도 변함없이 임대차 관계를 그대로 잘 승계해 주고자 하는 목적도 있다. 실무에선 빌딩매매로 임대인이 바뀔 경우 상가 임차인이 임대차관계의 존속을 원치 않을 경우 임대차 관계를 해지할 수 있다는 것이 대법원 판례의 입장으로, 적절한 대처가 요구될 수도 있다.

매매계약 후 잔금 시 체크사항

1. 소유권이전 등기서류 확인

※ 부록 참조 : 소유권이전등기 시 매도자, 매수자 준비 서류

2. 임대차내역 변동 여부 확인

3. 잔금일 전 지불금액 이상 유무 확인

4. 잔금정산서 준비(중개업소에서 준비). 임대료, 관리비, 전기세, 수도료 등 제세공과금, 도로점용료, 교통유발분담금, 환경부담

금 등을 준비한다.

5. 잔금 시 매도자, 매수자 소유권이전 준비사항 확인

잔금 후 체크사항

1. 임차인들과 임대차계약 승계 내용 기재
   - 기존 계약서에 임대인 명의와 연락처, 임차료 입금계좌번호를 변경하고, 임차인과 계약 내용을 다시 한번 리뷰하고 서명 날인한다.
2. 공과금 명의 변경

매매계약일부터 잔금일까지 기간 동안 별다른 변수 없이 잘 마무리되는 게 중요하다. 조건부 계약이었다면 잔금 이전에 조건이 잘 성립되도록 매도자, 매수자가 상호 협력하여 유종의 미를 거둘 수 있도록 노력하는 것이 또한 중요하다.

포괄양도양수
계약서

빌딩매매계약서 작성 시에는 매매대금에서 반드시 토지 가격과 건물 가격을 분리하여 기재하고 건물분 부가세 별도라는 내용을 특약사항에 기재하여야 한다. 그렇지 않을 경우 매수자가 매매대금에 부가세가 포함된 것으로 주장하면 부가세 문제로 분쟁의 불씨가 남을 수 있기 때문이다. 건물분 가격을 정확히 모를 경우에도 계약서 특약사항에는 "본 계약은 포괄양도양수 계약이며, 건물분 부가세 별도로 포괄양도양수가 불가할 경우 매도인은 세금계산서를 발행하고 매수인은 잔금 시에 매도인에게 건물분부가세를 별도로 지급하기로 한다."로 명기하고 잔금 이전에 건물분 가격을 확인하여 잔금 시에 부가세 내용을 잘 정리하도록 하는 것이 좋다.

포괄양도양수계약을 하는 이유는,

빌딩 매매계약을 하면 매수자는 건물분에 대한 부가가치세를 매도자에게 납부하고 매도자는 매수자에게 부가세에 대한 세금계산서를 발행하며, 수령한 부가세를 다시 세무서에 신고납부하게 된다. 그리고 매수자는 다시 매도자에게 납부했던 부가세를 세무서에 환급신청하여 돌려 받을 수 있다. 하지만 이러한 일련의 절차들이 세무행정상 시간과 인력이 낭비되고 민원인들도 번거로움을 해소하기 위해 포괄양도양수계약으로 대체되어 번거로운 절차를 줄이고 있는 추세이다.

포괄양도양수가 되는 경우는 포괄양도양수 계약서를 작성하여 부가세를 내고 환수받는 절차를 줄여주는 역할을 한다.

〈포괄양도양수 계약과 절차〉

1. 포괄양도양수계약서를 별도 작성하고 기명날인한다.
2. 매수인은 사업의 양수일로부터 20일 이내에 사업자등록을 신청한다.
   - 임대사업자등록 시 "포괄양도양수계약서와 매매계약서 사본" 첨부
   - 임대사업자등록신청서에 "사업장의 포괄적 양도양수에 의한 사업개시임"을 표시
   - 매도인의 사업자등록번호 기입
3. 매도자는 세무서에 폐업신고를 한다.
   - 잔금일로부터 25일 내 폐업신고서에 포괄양도양수에 의한 폐

업임을 표시, 사업양도내용을 기재, 매수인의 사업자등록번호 기입, 포괄양도양수계약서 또는 매매계약서 사본 첨부, 사업자등록증 첨부, 폐업신고확인서 첨부(허가, 신고, 등록 업종의 경우)하여 폐업신고

4. 매도인의 부가가치세 신고납부

■ 매도인은 폐업 후 다음달 25일까지 부가가치세를 신고한다.

■ 부가가치세 신고서에 폐업사유로 양도양수계약에 의한 폐업임을 표시, 사업양도신고서 제출

포괄양도양수 계약은 부동산매매계약과 별도의 계약으로 임대사업의 양도양수계약이기 때문에 사업의 동질성이 유지되어야 한다. 예를 들어, 매도인도 임대사업용이고 매수인도 임대사업용이라 하더라도 임차인을 명도하고 인도하는 조건일 경우 원칙적으로 포괄양도양수를 인정받지 못한다. 이 경우는 계약서 특약사항에 건물분 부가세별도의 취지를 기재하고, 매도자는 세금계산서를 발행하며, 매수자는 건물분부가세를 매도자의 계좌로 송금한다는 내용을 기재하여야 한다.

부가세는 건물분 가격의 10%이므로 건물 가격이 10억일 경우 1억에 해당하는 금액으로 세심하게 중개할 필요가 요구된다.

계약서에 건물분 부가세 별도에 대한 내용을 빠뜨리고 계약서가 작성될 경우 매수자가 전체 매매가격에 부가세가 포함되었다고

주장할 경우 분쟁이 발생할 여지가 있다. 만약에 건물 가격이 50억일 경우 5억이라는 금액이 분쟁금액으로 될 수도 있다. 이러한 분쟁이 생기지 않도록 건물분부가세에 대한 내용은 꼭 유념해서 계약서 특약란에 기재하여야만 한다.

사업 포괄양수도 계약서

부동산소재지 :

양도인(갑) : 성 명   (   )

　　　주 소

양수인(을) : 성 명   (   )

　　　주 소

　　　갑과 을은 사업의 포괄양수도계약을 다음과 같이 체결한다.

[제1조] 본 부동산을 포괄양수도 함에 있어 갑은 잔금을 수령한 날로부터 25일이

내 사업자를 폐업하고, 을은 잔금일로부터 20일 이내에 일반과세자로 등록하여야

한다.

[제2조] 본 계약은 갑이 운영하고 있는 부동산임대사업에 관한 일체의 권리와 의

무를 을이 양수하고자 하는 데 그 목적이 있으며, 을은 임대차계약을 승계키로 한

다.

[제3조] 갑은 부가가치세법 제6조 제6항의 규정에 의한 사업양도에 따른 부가가치

세의 면제를 받기위하여 20 년   월   일 현재의 부동산임대사업 일체를 을에게

포괄적으로 양도한다.

[제4조] 갑이 을에게 부동산임대사업 전부를 양도하는 기일은   년   월   일로

하고, 포괄양수도가 불가할 경우 갑이 세금계산서를 발행하고 을은 갑에게 부가

세를 송금하여 신고 납부토록 한다.

[제5조] 갑은 본 계약체결 후 사업인수를 완료할 때까지 그 재산의 관리운영에 있어 선량한 관리자의 주의를 게을리 하지 말 것이며, 또한 정상의 거래를 제외하고 재산에 영향을 미치는 중요한 사항에 관하여는 을의 사전승인에 의하도록 한다.

[제6조] 부동산임대사업 양수일 현재 갑과 계약한 임대차계약은 을이 인수하여 계속거래를 보장한다.

[제7조] 본 계약규정 이외에 사업 양도 양수에 관하여 협의할 사항이 발생한 경우에는 본 계약서 조항의 본 뜻에 위배되지 않는 한 갑, 을 쌍방 협의하에 이를 시행한다.

[제8조] 갑은 을이 부동산임대사업을 양수함에 따른 제반절차를 수행하는 데 적극 협조하여야 하며, 잔금일 이전 발생된 제세공과금 등은 갑이 부담키로 한다.

[제9조] 갑은 부동산임대사업양도일(잔금) 이전 발생한 제세공과금(국세 및 지방세포함)과 채무에 따른 이자비용 등 일체를 부담키로 한다.[국세/지방세 완납증명서 첨부]

이상의 계약내용을 갑, 을 쌍방은 성실히 이행할 것을 약속하며 후일을 증명키 위하여 본 계약서 2통을 작성, 각 1통씩 보관키로 한다.

202 . . .

갑 :   (인)

을 :   (인)

임대현황 및 승계확인서

임대수익을 목적으로 빌딩매매 계약을 결정한 경우라면 임대차 현황은 임대수익율과 직결되므로 상당히 중요한 내용이다. 좀 창피한 얘기이지만 중개업을 오래했다는 베테랑도 간혹 어이없는 실수를 하는 경우가 있다. 빌딩매매계약 날짜가 잡혀서 계약 당일에 매도자 준비서류와 매수자가 준비할 내용을 충분히 설명하여 모두 준비를 시켰는데, 정작 중요한 임대차계약서를 꼭 지참해 오라는 전달을 빠뜨린 것이다.

물론 매수자에게는 빌딩 전체 보증금과 월세, 관리비를 상세하게 잘 브리핑했지만, 계약 당일에 실제 임대차계약서 내용과 브리핑한 내용이 일치하는지 여부를 임대차계약서를 통해 재차 확인하고 싶었던 것이다. 매도자는 몸이 불편한 분으로 거동이 어려운 상태라 다시 자택에 들러서 가져오라고 하기에는 시간이 너무 지체된 상황이었고, 매수자는 치과의사로, 임대차계약서로 확인이 되지 않으면 계약을 할 수 없다는 입장이었다. 결국 계약일자는 다음날로 미뤄졌고, 결국 이 매매계약은 무산되었다. 모처럼 매도자, 매수자가 어렵게 시간을 내고 큰 결정을 위해 마주한 그 타이밍에 어이없게도 임대차계약서 미지참으로 계약이 깨지다니…. 몇 개월간 공들인 내용이 한 순간에 물거품이 되는 순간이었다.

나중에 치과원장도 이 날 빌딩을 매입하지 못한 것에 대해 무척 아쉬워하였다. 계약이 무산된 그날 이후 며칠이 지난 뒤 빌딩 가격이 연일 상한가로 치솟고 있었기 때문이다. 이러한 실수를 줄이기 위해 임대현황확인서 작성을 계약 당일에 실제 임대차계약서를 보고 그대로 기재하여 매도자, 매수자 간 확인 사인을 받고 임대차계약서 원본을 복사하여 함께 철해 교부하는 것을 습관화함이 실수를 줄이는 데 용이하다.

빌딩매매계약을 완료한 후에 임대차현황 확인서는 현재 임차인들의 임대차기간이 얼마 남아 있는지를 한눈에 파악할 수도 있고, 임대만료일에 명도할 것인지 여부를 사전에 추론해 볼 수 있어 임대차 내용을 자세하게 확인하는 데 용이하다. 어떤 임차인은 빌딩 매매계약으로 소유자가 변경되면 임대차를 그대로 존속하지 않고 해약을 하고 나가겠다고 하는 경우가 생기기도 한다. 이 경우 대법원 판례에도 부동산의 소유자가 변경될 경우 임차인이 임대차계약

승계를 거부할 경우 임대차 해약 사유에 해당된다고 판시하고 있다. 매입 시 타 빌딩에 비해 수익률이 월등히 높아서 임대수익용으로 매수하는 건물일 경우 이왕이면 임대차승계 확인서를 받는 조건으로 매매계약을 하는 것이 좋다. 이래저래 임대차현황 확인은 필요한 내용이다.

5장

빌딩
리뉴얼
관리

상가 빌딩 MD 구성 재편성

상가빌딩 MD(MerchanDising) 구성을 재편성하는 이유는 가장 경쟁력이 높은 우량업종을 선별하고 우량임차인을 유치하여 각층별, 각호별로 균형있게 효율적으로 잘 배치하여 현 입지에 있는 빌딩의 임대수익율을 최대한으로 끌어 올려서 빌딩 가치를 밸류업하기 위한 목적이다. 빌딩을 매입하고 난 다음에 MD 구성을 고민하기보다, 빌딩을 매입하기 전에 이 입지에 맞는 빌딩 MD 구성을 어떤 업종으로 구성할 때 임대료 증액 요인이 더 많이 발생되는지를 사전에 검토하고 매입하는 지혜가 필요하다. 빌딩의 가치는 어떤 브랜드로 어떻게 MD를 구성하느냐에 따라 확연하게 달라진다.

저자가 강남대로 신논현역에 입지한 E컨설팅에서 점포를 중개할 때의 일이다. 논현동 167-#번지에 소재한 점포에는 당시에 지하 1층과 지상 1층 왼편에 유리 수선집, 1층 오른편에 꽃가게, 2층에 선녀보살집, 3층에는 건물주가 입주한 상태에서 건물 전체를 통임대로 진행했었다. 그때 인근에 소재한 ○○이라는 일본식 주점이 재건축으로 명도를 당해서 근처에 통으로 임차할 건물을 찾고 있었는데, 정말 운좋게도 잘 매치가 되어 임대차를 완성했다. 예전에 유리 수선집 등이 있을 때는 임대료가 보증금 1억7,500만 원에 월세 870만 원이었는데, 일본식 주점에 보증금 2억5,000만 원, 월세 1,550만 원으로 전체 통임대를 주고 난 다음에는 임차인이 건물 전체 외관을 세련되게 대수선을 하여, 건물주 입장에선 임대료도 높게 받으면서 건물 가치도 오르는 일거양득의 효과를 보았다. 궁극적으로 2016.06월 빌딩매매 시 60억으로 한참 높은 가격에 매매가 성사되었다. 이처럼 건물은 입지에 따라 해당 건물의 용도에 맞게 MD 구성만 잘해도 건물의 가치가 몇 배씩 오르는 경우가 많이 있다. 저자가 중개한 꼬마빌딩은 논현동 먹자골목에 있던 빌딩으로, 건물 전체를 경쟁력 있는 일식업체로 입점시켜 임대료가 증액되고 빌딩 가치도 밸류업 되었으니, 나름 이 입지에선 최상의 선택이었던 셈이다.

성공적인 상가 MD 구성을 위한 전제조건

상가 MD(merchandising) 구성은 건물의 각 층별, 호별로 효과적인 업종으로 매장을 구성하는 작업을 통칭하는 말이다. 상가 MD 구성을 어떻게 하느냐에 따라 매출이 확연히 달라지고 임대료 수입이 달라지고, 건물의 가치 또한 상당한 차이를 보인다.

그럼 성공적인 MD구성은 어떻게 해야 할까?

MD 구성은 상권 입지와 상가 규모에 따라 다양하게 조합할 수 있다. MD 구성에도 필요한 몇 가지 원칙이 있다.

첫째, 상권 분석이 선행되어야 한다. 역세권이고 성장하는 상권임에도 불구하고 아주 허름한 건물에 3류 업종들로 임차된 건물이 있다면 최고의 투자매물이다. 이런 건물을 시세보다 싸게 매입해서 리모델링을 하고 상가 MD를 우량업종으로 새로 구성하고 우량 임차인을 유치한다면 건물 가치를 가장 극대화시킬 수 있다.

둘째, 본 건물이 입지한 지역상권의 특성을 분석하고 입점한 점포의 업종 및 규모를 분석하여 본 건물에 가장 적합하고 경쟁력이 있는 업종을 찾는 것이 필요하다.

셋째, 본 상가 내에 가장 임대료 비중을 많이 차지할 전략 점포, 통상 1층 입구 매장을 어떻게 구성할 것인지를 고민해야 한다.

넷째, 입점이 가능한 업종군을 선별해야 한다. 목표 고객군의 소비 행태를 중심으로 업종군을 분류하여 여기에 맞게 구성해야 한다.

다섯째, 층별 입점 업종을 최적화시켜야 한다. 1층은 고객 접근성이 좋은 업종으로 임대수익을 최대화할 수 있는 우량업종을 찾아야 하고, 2층 이상은 접근성이 다소 떨어지더라도 필요에 따라서 고객접근을 유도할 수 있는 업종으로 구성해야 한다.

여섯째, 업종 간 면적과 임대료의 적정성을 고려해야 한다. 각 업종마다 최적합한 임대면적이 있고, 입점 층수 또한 업종에 따라 정해지는 게 일반적 현상이다.

상가빌딩 MD 구성 성공 사례 1

	반포동 736-15 리모델링 전	반포동 736-15 리모델링 후

❖ (반포동 736-15) 리모델링후 MD 구성으로 건물 가치를 올리고 매각한 사례

층수	리모델링 전 업종	리모델링 후 업종	비고
B1	만화방	노래방	
1F	앗싸오징어 (수산물식당)	파파이스 (현 뉴욕버거)	
1F		구두전문점	
2F	PC방	미용실	
3F	고시텔	치과	
4F	고시텔	고도일병원	
5F	고시텔		
임대가격	보2억500/1,150/110	보4억1,000/2,737/360	
매매가격	53억	90억	

본 건물은 신논현역 강남대로 바로 이면에 소재하는 노후 건물

로 2008년 10월 27일에 53억에 심 원장이 매수하여 소유하고 있다가, 1층 해산물 식당과 지하 만화방, 2층 PC방, 3층 고시텔 임차인을 명도하고 리모델링 전문업체 경동○○○을 통해 대수선을 하면서 저자에게 전체 건물의 임대차 계약을 진행해 달라는 요청이 있어서 1층에 프랜차이즈업체 파파이스(현 뉴욕버거)와 2층 헤어샵을 직접 중개완료하였고, 4,5층은 바로 옆 고도일병원에서 입주하여 건물가치 밸류업에 일조를 하였으며, 다시 2016년 2월에는 모 부동산을 통해서 90억에 매각이 완료되었다.

지금은 신분당선이 개통되어 매매시세는 150억을 호가하고 있다. 이 빌딩 투자의 성공요소는, 첫째, 강남대로변 이면 코너에 있는, 입지가 아주 양호한 빌딩을 잘 매입한 것이고, 둘째, 지가상승이 예견된 신분당선 개통 호재가 있던 지역으로 잘 선택한 것이며, 셋째, 기존 업종보다 임대수익율이 많이 나오는 프랜차이즈 햄버거 가게와 병원 등 우량임차인을 입주시켜 MD 구성에 성공한 점이다.

상가빌딩 MD 구성 성공 사례 2

| 중구 회현동3가 1-5 리모델링 전 | 중구 회현동3가 1-5 리모델링 후 |

❖ 리모델링 후 우량임차인으로 밸류업하여 성공 사례

층수	리모델링 전 업종	리모델링 후 업종	비 고
1층	김밥분식	맥도날드	
2층	한의원	맥도날드	
3층	피부맛사지	맥도날드	
4층	여행학원	그레이스리 뷰티학원	
5층	여행사	맨파워 비뇨기과	
6층	전당포	위 뷰티	
7층	근린생활	Rich Rich	
8층	근린생활	의원	
9층	사무실	의원	
10층	사무실	빈센트의원	
11층	사무실	해운(주)	
12층	사무실	KOWA (주)	
임대가격	4억5,000/2,750	보11억8,000/6,400	
매매가격	110억	170억	

본 빌딩은 D중개법인에서 중개한 매물로 2011년 8월 9일에 은행대출 채권최고액 101억 4000만 원을 발생하여 110억에 매입한 뒤 약간의 리모델링을 진행했으며, 1~3층에 맥도날드를 입점하고, 각층별 병의원들을 입점시킨 후 바로 매매를 하여 차익을 실현한 케이스이다. 매도자는 해외에 거주하는 사람이라 매매가 쉽지 않은 딜이었지만, 잘 접촉하여 매매계약을 완료하고 짧은 시간에 매각차익을 거두었다. 다소 아쉬운 점이라면, 매도자가 리모델링을 하고 조금 더 보유를 한 다음에 매각했다면 좀 더 좋은 수익률을 올릴 수 있었을 텐데 하는 생각이 드는 매물이었다.

박명수 & 한수민 부부 MD 구성 성공 사례

유명 개그맨 박명수 빌딩에 관한 이야기다.

이 분의 특징은 일단 빌딩 매물이 나오면 그 빌딩에 스타벅스가 입점할 수 있는지를 체크한 뒤에 스타벅스 본사에서 입점할 수 있다는 내용이 확인이 되면 빌딩 매입을 결정하여 매번 투자에 성공한다는 점이다.

서울시 성북구 동선동 1가 92-#번지 대지 177㎡, 연면적 469㎡, 지하 1층·지상 4층 규모 빌딩을 한수민 개인명의로 2011.10.21.일에 29억에 매입하였는데, 해당 빌딩은 1987년 8월 11일 준공되어 상당히 노후된 건물이었다. 자기자본 18억에 약 11억 정도 대출을 받고 매수하여 빌딩 리모델링을 진행하고, 스타벅스를 입점시키는 데 성공했다.

　스타벅스는 해당 빌딩이 성신여대입구역 먹자골목과 인접해 유동인구가 모이는 입지여서 입점한 것으로 분석되었다. 스타벅스가 5년 장기계약을 맺고 전층 입점하면서 빌딩의 임대수익도 2배 정도로 오르면서 건물의 가치 또한 상승했다. 기존 보증금 2억 원/월세 970만 원이었던 임대료는 보증금 3억5000만/월세 1650만 원으로 상승했다. 한수민은 해당 빌딩을 매입 3년 후 2014.07.15일에 46억6000만 원에 매각했다. 리모델링 등 각종 비용을 포함해도 한수민은 매각 후 순수익으로 10억 원 이상의 차익을 보았을 것이라 추정된다.

　빌딩을 매입하기 전에 미리 브랜드 가치가 높은 우량업종으로 최적합한 MD 구성을 구상해 보고, 실제로 그 브랜드들이 입점할 의향이 있는지 확인한 다음 투자를 한다면 실패를 줄이고 성공 확률을 높이는 투자 방식이 된다는 사례로 보여준 케이스이다.

리모델링 후
화장하여 팔아라

투자 자금이 여유롭지 않다면 가격 부담이 적은 노후된 빌딩을 리모델링하여 밸류업시키는 것도 좋은 방법이다. 신축빌딩을 매입할 경우는 가격 거품이 끼어 있는 일이 많아서 오히려 급매로 나온 값싼 노후빌딩을 사서 리모델링하는 것이 경제적으로 나을 때가 있다. 이때 가장 중요한 점은 입지가 좋아서 밸류업을 했을 경우 출구전략이 통하는 위치의 매물이어야 한다는 것과 리모델링 후 MD(merchandising) 구성을 잘 조합해서 우량임차인을 활발하게 입점시킬 수 있는 매물이어야 한다는 것이다.

주택을 수익형 꼬마빌딩으로 밸류업 하기

주변에 전철역이 들어오거나 기타 여러 가지 개발호재로 상권이 확장하면서 주거지역이 점차 상가타운으로 변화되어 가는 곳이 있다. 특히나 양쪽 주변이 근생상가 건물인데 대상 매물이 중간에 끼인 주택일 경우 눈여겨 볼 필요가 있다. 이런 매물을 매입 후 근린생활시설로 리모델링하거나 신축을 하여 우량임차인을 유치하면 의외로 좋은 임대수익률을 올릴 수가 있다.

허용용적율보다 높게 받은 건축물이라면 신축보다 리모델링이 좋다

신축이나 리모델링을 해야 될 노후된 건물 중에 허용용적율보다 훨씬 높게 건축된 매물들이 있다. 현행 법에 따라 새로 신축을 할 경우 현재 건물보다 용적율과 건폐율이 현저하게 줄어드는 빌딩의 경우는 리모델링을 하는 것이 훨씬 유리하다. 리모델링의 경우는 신축보다 비용도 저렴할 뿐더러, 공사기간도 상당히 단축할 수 있어서 여러 가지로 메리트가 많다고 할 수 있다.

리모델링 시간을 절약해야 이익이 된다

노후된 건물을 매입하여 리모델링하거나 신축할 계획이라면 건물을 매입하기 전에 건축사 사무소에 증축 및 신축을 할 수 있는지, 용도 변경이 가능한지 등의 여부를 꼭 확인해봐야 한다. 그다음 임차인 명도 여부를 반드시 체크한 뒤 부동산 매매계약을 완료해야 한다. 건물 인허가를 받기까지 약 2~3개월 정도 소요되므로 잔금 지불 후 공백을 없애기 위해 부동산 계약 직후에 리모델링이나 신축 설계를 미리 준비하여 시간적 로스를 줄이는 게 좋다.

리모델링 비용은 매매가의 15%를 넘지 않는 것이 좋다

리모델링 비용의 경우는 건축사 사무소에 건물 개조를 의뢰한 뒤 건물 도면을 가지고 리모델링 업체를 최소 3~4곳 이상 의뢰하는 것이 좋다. 이후 마음에 드는 리모델링 회사를 찾으면 반드시 현장으로 직접 불러 실력을 평가해 보기를 권한다. 최종 업체를 선정하면 계약금부터 5회에 나눠 대금을 지불하고, 리모델링에 들어가는 비용은 매매가의 15%를 넘지 않는 것이 좋다.

팔 때는 화장해서 팔아라

부동산을 팔 때 최소 비용으로 최대 효과를 올려서 부동산이 돋보이게 밸류업 할 수 있는 방법을 찾아서 해당 부동산의 장점을 최대한 표현해야 한다. 자신이 부동산을 사고자 하는 입장에서 불편했던 점, 아쉬웠던 점을 보완하고 새로 수리하여, 다시 팔고 싶지 않은 생각이 들 정도로 개선하면 누구에게든지 자신있게 권할 수 있고 매도 수익 또한 배가시킬 수 있다.

우량임차인을 유치하자

아무리 좋은 입지에 있는 빌딩이라고 해도 1층에 허접한 점포가 있으면 빌딩 전체의 가치가 하락하지만, 유명브랜드 매장이 입점한다면 빌딩 가치가 올라갈 것이다.

우량임차인을 발굴하는 것은 정말 중요한 일이다. 프랜차이즈 개발팀에 직접 연락해서 해당 건물을 홍보하는 것도 좋은 방법이다. 리모델링을 할 땐 건물 용도를 잘 생각해야 하며, 결국, 우량 임차업종을 유치하는 것이 빌딩 몸값을 올리는 길이다.

빌딩 신축 후 매각하기

부동산의 내재 가치를 나타내는 최고 요인은 입지 가치이다.

입지 가치는 매수자들의 치열한 입지 경쟁에 의해서 새로운 수요를 끊임없이 창출하는 아주 중요한 요소이다. 이러한 입지를 바탕으로 한 빌딩 신축에 관하여 얘기하고자 한다.

위치는 강남대로변 논현역 5번 출구 앞에 소재한 반포동 706-## 번지 관덕빌딩 이야기이다.

이 매물이 처음에 저자에게 상담문의가 온 것은 2016년도 여름에 노부부의 방문으로부터 시작되었다. 처음에는 가격만 알아보고자 한다는 말을 듣고 친절하게 잘 상담하여 드렸고, 향후에 전속중개계약을 통해서 매매로 전환하게 된 케이스이다.

　　신분당선이 2022년 전후에 개통 예정이었고, 강남대로변 전철
역 앞 대로변 코너에 입지한 매물이라 향후 신축을 할 경우 성형
외과, 병의원과 약국 등 유명 카페와 베이커리, 프랜차이즈 등으로
입점할 경우 지금과 비교할 수 없을 정도로 임대수익율을 높일 수
있었고, 향후 매각 시 내재 가치 상승에 따른 매매금액으로 지금의
2.5배 이상의 매매차익을 실현할 수 있는 것으로 분석이 되었다.

　　이 건물은 준공일자가 1982년 12월로 건령이 34년이 넘어 노후
도가 심각한 상태라 지하 노래방은 장마철에는 빗물이 천장에서
누수되어 곰팡이가 필 정도로 심하여 입주해 있던 임차인들에게도
제대로된 임대료를 받지 못하고 있는 상태였다. 빌딩의 임대수익
율이 나오지 않아서 이 상태로 매도하는 것보다는 최소비용을 투
자해서 리모델링을 통한 화장을 하고 임대수익율을 향상시키고 파
는 것이 좋겠다고 조언을 해 드렸다. 그러나 지금 나이도 많고 신
경 쓰기 싫어서 리모델링이나 신축할 생각은 전혀 할 수 없고, 적

당한 시점에 매매를 하겠다고 하여 매가 130억부터 진행을 하였다가 다시 번복이 되어 매가 180~200억 사이로 매매를 진행했다. 당시 보증금 4억3,500, 월세 2,309만 원으로 임차인 관리가 제대로 되지 않아 공실이 있었고, 만실이라고 감안해도 수익률이 나오지 않아 임대수익 목적으로 매각하기에는 적합하지 않았다. 신축 목적으로 매입을 검토 중인 사람은 임차인 명도가 쉽지 않다며 손사래를 쳐서 명도 문제가 상당히 힘든 과제로 남아 있었다.

이 빌딩은 우수한 입지의 장점을 가진 내재 가치가 보장된 우량 매물로, 설계만 모나지 않게 나와도 대박날 수 있는 최고 입지였다. 즉 비용을 최소화한 리모델링 정도만 했어도 당시 매가보다 두 배 이상의 차익을 더 높일 수 있었다. 그러나 애석하게도 그러한 모험은 할 엄두가 나지 않는다고 했다. 보유기간이 34년으로, 이때까지 이 빌딩으로 가족들이 잘 먹고 잘 살아 왔는데, 이제는 매매해서 아내와 자녀에게 살아 생전에 증여할 생각이었던 것이다.

일단 우리 회사 전속 길 세무사를 통해서 빌딩 매도 후 자녀에게 증여했을 경우 증여세를 자문받았고, 혹시 소유자 ○ 회장님이 증여 후 10년 이내에 사망할 경우, 상속세가 어떻게 되는지도 정확하게 자문받아서 가족들에게 소상하게 브리핑하였다.

그리고 매수자 브리핑을 위해서 전속 건축사에게 신축 시 건폐율, 용적율을 얼마 정도 적용 받으며 몇 층까지 지을 수 있는지, 한

층 건축면적을 몇 평까지 할 수 있는지, 그리고 주차 대수는 몇 대로 할 수 있는지 등을 면밀하게 확인하였다.

건물 신축 후 아무리 소극적으로 임대차를 맞추는 시뮬레이션을 해 보아도 신축 후 임대수익율은 지금과는 비교가 안 되는 우량 매물이라 바로 매입해야 될 대박 매물이었다.

당시 매가는 130억 전후가 적정선의 가격으로 브리핑해 드렸고, 이 가격을 기준으로 매매를 진행하였다. 이 매물은 분명히 200억 까지도 예상할 수 있는 내재 가치가 뛰어난 매물이지만, 건물이 노후되어 임대료를 제값을 받지 못하여 임대수익율이 나오지 않아 수익률 기준으로 가치를 평가하면 가격이 110억 전후의 가격으로 팔 수밖에 없는 매물이어서 임대수익용으로 매수하려는 사람들은 수익률이 나오지 않는다고 매수를 꺼리는 상황이었다. 또 신축부지를 찾는 시행업자들은 현재 노래방과 병의원을 포함한 세입자가 많이 있어서 명도가 어려워 명도를 매도자가 해주지 않으면 안 된다는 입장이었다.

정말 어느 누구도 매수하기가 만만치 않은 상황이었다. 강남대로변 전철역 앞 대로변 코너 입지의 빌딩을 130억에 산다? 강남대로변 전철역 앞 코너에 이 금액대로 살만한 매물이 거의 없어서 자금이 준비만 된다면 저자 본인이 직접 매입을 하고 싶을 정도로 입지 가치는 최상의 매물이었다. 이 빌딩의 가치를 볼 줄 알고 자금력이 있는 사람을 찾는 것이 중요하다고 생각하고 이 빌딩 인근에서 안과병원을 운영하시는 박 원장님을 찾아 뵙고 상의를 드렸다. 하지만 이 분의 생각은 가격이 예전보다 너무 비싸다는 말씀을 하셨고, 덧붙여서 대지의 폭이 좁아서 건물을 짓더라도 제대로 된 그림이 나오지 않아 이 매물은 살 수 없다고 하였다. 어느 누구도 이 부지의 입지는 좋다고 했지만, 선뜻 계약으로 연결되지 못하였고, 매수해야 될 이유보다 매수하지 말아야 될 이유를 찾는 분을 설득한다는 것이 참 어렵다고 생각했다. 이렇게 계약이 난항을 거듭하고 있을 무렵, 건물주의 큰아들 ○ 사장이 이 빌딩은 200억 이상의 값어치가 있기 때문에 220억 이하로는 도저히 매매할 수 없다고 하는 바람에 결국 '전철역이 개통될 시점에야 팔 수 있겠구나'하고 1년 이상 매매를 진행하지 못한 채 한참을 기다리던 중, 약 1년 3개월 지나서 다시 매각 기회가 찾아왔다. 135억이면 매각을 해 달라고 다시 요청이 온 것이다.

이러한 우여곡절 끝에 저자의 사무실에서 함께 일하고 있는 장 전무님이 ○ 회장님을 매수자로 붙였는데, 이 분은 매물을 제대로 볼 줄 아는 정확한 눈을 가진 분이었다.

지하철 7호선 논현역과 향후 강남역에서 논현역으로 연결될 신분당선의 미래가치를 정확히 꿰뚫어 보고, 입지 가치를 명확하게 파악한 것이다. 매매가 135억에서 임차인 명도비와 금융 비용으로 8억을 더 조정하여 매매계약을 하자고 콜사인이 떨어져서 최종

127억 원에 계약을 잘 마무리하였다.

매수자 ○ 회장님에겐 최고 조건으로 매수할 수 있는 기회가 된 셈이고, 신축을 통한 개발 이익과 입지 가치가 품고 있는 프리미엄까지 한 번에 수익으로 가져 갈 수 있는 최고의 기회를 잡은 셈이다.

매수자는 임차인 명도를 1년 3개월 정도 진행하여 명도를 다 마무리 짓고, 신분당선 개통을 2개월여 앞둔 2022.2월 초에 12층으로 신축건물을 준공하였다. 이 빌딩을 한국사회복지공제회에서 380억에 매입하였는데, 1층에는 편의점이 입점한 훌륭한 입지의 랜드마크 빌딩이 되었다.

○ 회장의 투자비용 대비 수익률을 비교해 보기로 한다.

구 분	신축 전	신축 후	비 고
대지면적	88.5평	88.5평	
건물면적	51.1평	45평	
연 면 적	217.8평	633.5평	연면적 415평 증가
층 수	B1/3F	B2/12F	
임대가격	보4억3500/2309만 원	12억6000/9010원	월세 6,700만 원 상승
매매가격	127억 원	380억 원	매매가 상승

신축 전 빌딩	신축 후 빌딩

건물매매 팁 : 건물의 입지는 좋은데, 건물 노후화로 제대로 된 임
대료를 받지 못하여 수익률이 낮은 상태에서 매각
하는 것보다 약간의 리모델링을 통해 우량임차인으
로 채우고 건물의 가치를 밸류업하여 좋은 가격에
매각을 하는 것이 최선의 선택이다. 만약 최상의 입
지에 있지만, 이러한 문제로 고민 중인 매도자가 있
다면 필자를 포함한 전문가를 통해 자문을 받아서
최유효 방법을 찾고 최고의 해법을 찾아 푸는 것을
추천한다.

빌딩
관리

빌딩관리의 목적은 공실을 최대한 줄이고 우량임차인을 유치하여 체계적인 관리로 매월 고정적이고 안정적인 월세를 받으며, 고정지출비용인 용역비와 운영비, 시설 비용을 최소화시켜 임대수익율을 높이는 동시에 빌딩가치를 증대시키는 것이다. 그런데 빌딩관리 소홀로 공실이 자주 발생하고 불량한 임차인이 입주하여 임차료를 자주 연체하며, 불안정한 임대수입으로 인하여 빌딩매입 시 은행으로부터 차입한 과도한 부채로 대출이자까지 제대로 못 낼 정도로 걱정하고 있다면 실패한 투자이다

건물주는 빌딩매입만으로도 자산이 저절로 증대될 거라는 생각을 버려야 한다. 빌딩을 매입하는 날부터 임대사업자로서 사업가적 경영마인드를 가지고 있어야 한다. 즉 임차인들에게 쾌적하고 편리한 임대 공간을 제공해서 임차인들이 사업을 잘할 수 있도록

지원해 주는 '비즈니스 마인드'가 있어야 된다. 내 건물에 입주한 임차인들 사업이 잘 되어야 차임도 밀리지 않게 잘 내고 우량임차인들이 입주하지 않겠는가? 요즘은 빌딩관리도 전문화되고 체계화 되었는데, 아직도 자가관리를 하거나 전문성이 떨어지는 친인척을 통해 관리하는 경우가 많다. 그런데 향후 빌딩 가치를 고려한다면 빌딩 관리는 친척이나 지인들보다는 전문업체로 맡기는 것이 좋다. 그래야 객관적이고 효율적인 관리가 될 수 있으며, 사람도 편하게 부릴 수 있고 빌딩 매각 시에도 한결 자유롭고 합리적인 의사결정을 할 수가 있다.

빌딩 관리에서 집중적으로 고려해야 될 내용은 다음과 같다.

임대차 관리와 공실 관리가 중요하다

기존 임대차계약 내용이 환산보증금 이내로 작성되었을 경우 임대차보호법상 매년 5%까지는 인상할 수 있다.

임대료 인상 문제 등으로 건물주가 직접 임차인과 만날 때는 자칫 감정 싸움으로 가지 않도록 잘 조정해야 하는데, 요즘에는 전문업체인 관리회사에 용역을 주어 임대관리 시설관리를 많이 맡기는 추세로 바뀌고 있다.

임차인이 퇴실하여 공실 상태가 될 경우 최대한 빠른 시일 내에 임대차계약을 진행하여 공실을 줄이는 것도 중요하지만, 그전에 전 임차인이 사용한 공간에 대한 원상복구가 제대로 되었는지도 반드시 확인해야 한다.

원상복구가 제대로 이루어지지 않고 건물 내외부가 제대로 관리가 되지 않아 지저분할 경우 새로운 임차인이 현장답사하러 왔을 때, 좋은 선입견을 가지지 못해서 계약이 깨어지는 경우도 간혹 있다. 임대차 만기로 전 임차인이 퇴실할 때 원상복구가 중요한 요인이다.

원상복구는 두 가지로 나누어 볼 수 있는데, 처음 신축건물인 콘크리트 상태로 있을 때 임차로 들어와서 임대 만기로 나갈 때도 콘크리트 상태로 만들어 주고 나가는 경우와, 임대차를 승계하여 기존 시설물을 그대로 이어받았을 경우 나갈 때 승계 받은 그대로 놓아두고 가는 경우가 있을 수 있다. 실제 원상복구는 최초 임차인이 들어올 때 상태 그대로 원상복구해 놓는 게 맞다. 그러려면 최초 임차인이 들어올 때 찍어 놓은 내부 사진을 임대인이 가지고 있으면서 계약할 때 원상복구에 대한 특약사항을 준비해 놓는 게 좋다. 이러한 내용을 관리회사를 통해서 진행하면 체계적으로 잘 관리가 될 수 있다.

관리비 부과와 미납자 관리, 그리고 세금계산서 발행

관리비에는 공용전기비, 공용수도비가 있는데, 검침을 통해 금액을 산정한다.

전기요금 중 세대 내의 전기료는 임차인이 직접 납부하고 공용구역에서 사용하는 전기는 입주해 있는 임차인들이 면적별로 안

분해서 계산하도록 한다.

관리비도 미납되어 연체되는 경우가 있으므로 연체료를 부과하는 패널티 조항 등을 두어 관리하는 것이 좋다.

공용구역 청소관리

공용구역의 계단, 복도, 옥상, 창틀에 대한 먼지, 그리고 주차장 관리, 외곽 청소 중 특히 신경써야 될 부분은 눈에 자주 띄는 재활용쓰레기 처리장의 청소관리를 잘해야 한다. 건물의 후미진 부분에 놓아 두기 때문에 조금만 관리를 안 해도 금방 지저분해지고, 냄새가 올라오며, 날파리와 바퀴벌레 같은 벌레들이 생겨 여러 가지 문제들이 발생한다. 특히 여름철 쓰레기 악취가 심할 수 있어, 청소관리를 철저히 해야 한다.

청소 비용을 산정하는 데 있어서는 청소의 주기나 청소의 시간 혹은 청소의 범위, 이런 부분들을 좀 더 명확하게 기준을 마련해야 마찰을 줄일 수 있다.

시설물 안전관리 대행

예전에는 건물 연면적이 일정 규모 이상 되는 경우에도 전기안전관리, 소방안전관리, 방역, 승강기 안전관리, 물탱크 청소, 기계식 주차장 시설관리 등을 임대사업자가 용역회사를 지정해 직접 관리하는 경우가 많았었다. 그러나 요즘에는 위탁관리회사에 맡기는 게 오히려 경제적이고 편할 수도 있다. 위탁관리회사에서 직접 용역회사들을 컨트롤하여 관리하고 건물주와는 일괄 용역비용으로 처리하는 것이 추세로 자리 잡고 있다.

전기용량의 경우 소규모 빌딩 용량이 75㎾ 이상이 되면 전기안전관리 대행을 해야 되고, 중대형빌딩의 경우 1,000㎾ 이상의 경우에는 안전관리자를 직원으로 채용하여 상주시켜야 한다.

건물 연면적이 600㎡(182평) 정도 되면 소방안전관리자 2급을 선임해야 한다. 건물주나 관리소장이 직접 소방안전관리를 할 경우 2급 자격증을 취득하면 되고, 대행을 맡길 경우면 대신 8시간 온라인으로 교육수료증을 받으면 된다.

주차 경비 관리 업무

중형빌딩 이상의 경우 기계식 주차장이 있으면 주차관리원이 필요하고, 시설 경비원을 두어야 될 필요성도 있다.

대체적으로 추운 날, 더운 날, 비오는 날에 민원이 많이 발생하는데, 임차인 민원은 최대한 신속하게 처리해 주는 것이 좋다.

빌딩관리로 벌어지는 부동산의 가치 비교

필자가 매매로 전속중개 중인 명동 소재 빌딩관리에 관한 이야기이다.

중구 충무로2가 12-##번지는 우리나라에서 제일 비싼 땅인 서울시 중구 충무로1가 24-2번지 네이처리퍼블릭이 소재한 건물과 아주 가까운 거리에 소재한 빌딩으로, 입지도 상당히 양호한 매물이다. 코로나로 공실이 많았다고는 하지만, 관리가 제대로 되지 않아 1~3층까지 공실로 남겨져 우량임차인으로 임대를 준비 중에 있다. 상가빌딩의 경우 1층과 2층의 임대료가 차지하는 비중이 제일 큰데, 상당 기간 동안 공실로 남겨진 상태였고, 그나마 임차 중인 4~8층을 게스트하우스형 호텔이 보증금 5억, 월세 2,300만 원으로 운영하는 임차인에게 코로나로 보증금 2억, 월세 1,150만 원으로 반액 감액해 준 상태였다.

이 빌딩이 왜 이 지경까지 왔을까? 이 빌딩의 주인은 2명으로 각각 1/2씩 지분을 가지고 있다. 그러다 보니 제대로 된 빌딩 관리를 못 하고 서로 관리를 미루는 상태였고, 급기야 관리 부재로 먼지만 푹푹 쌓여 있는 건물이 되고 만 것이다.

현재 이 건물 바로 옆의 건물 서울시 중구 충무로2가 12-##번지는 입지가 훨씬 못한 건물임에도 공실이 전혀 없이 잘 운영되고 있다. 이 건물은 단독소유로 건물주가 건물관리를 타이트하게 아주 잘한 케이스이다. 충무로2가 12-##번지보다 입지가 떨어짐에도 공실 하나 없이 만실 상태로 잘 운영할 수 있는 노하우는 바로 임차인들이 편하게 영업을 할 수 있도록 건물관리를 철저히 한 건물주의 자세에 있으며, 그런 점에서 빌딩 소유주들에게 많은 교훈이 되고 있다.

6장

투자
유망 지역은
어디?

강남역을 대체할
삼성역세권 개발

깜짝 놀랐다! 2014년 9월에 삼성역에 소재한 한전부지(강남구 삼성동 167번지)가 입찰 시 감정가격이 3조 3,346억 원이었는데, 10조 5,500억 원, 평당 4억3,800만 원에 현대차그룹으로 매각이 되었다. 제3종일반주거지역에서 일반상업지역의 용적율 800%로 종상향하고, 공공기여 40% 내외 조건으로, 감정가격의 3배가 넘는 금액에 낙찰이 된 것이다. 삼성그룹과의 입찰경쟁으로 과열된 탓도 있겠지만, 토지의 입지 선점 경쟁이 얼마나 치열한지를 극명하게 보여주는 사건이었다. 앞으로 현대차그룹이 중심이 되어 삼성역 주변이 개발되고 나면, 아마 강남역을 능가할 대한민국 최고의 상권으로 부상할 가능성이 높다.

삼성역은 테헤란대로와 영동대로가 만나는 교차점에 입지한다. 남쪽으로 지하철 2호선이 종합운동장~선릉까지 이어져 있고, 북쪽으로 지하철 9호선 봉은사역이 가로지르고 있다. 향후 삼성역은 GTX-A노선 GTX-C노선과 KTX 동북부 연장선, 위례~신사선이

영동대로 광장 및 지하 복합개발 사업 대상

❖ 사진 출처 : 서울시 국토부

지나가고, 삼성~동탄 광역급행철도가 개통이 되며, 버스 80개 노선과 택시 환승시설이 설치될 예정이어서 강남역을 능가할 세계적 도심으로 변모할 가능성이 상당히 높다.

삼성역 개발 호재로 현대차 GBC 50층 3개 동이 건립될 예정으로, 공사비용만 1조 5000억 수준으로 신축되며, 삼성역과 봉은사역 사이 597m 구간 지하복합환승센터로 개발되는데, 잠실야구장의 30배 규모 연면적 16만㎡ 공간이 조성되고, 지하 1층은 버스와 택시정류장이, 지하2, 3층은 공공 및 상업시설, 지하 4층은 통합대합실, 지하 5층은 광역철도인 GTX-A, GTX-C노선, 지하 6층은 경전철인 위례~신사선이 개통될 예정이다. 2025년도에 이 노선들이 완성될 경우 현재의 삼성역이 강남의 중심을 넘어서 대한민국의 중심으로 변모할 가능성이 아주 높다.

현대차그룹이 한전부지를 매입한 대형 호재 사건이 있고 난 다음에 저자가 진행하던 대치동 ###번지 대지 37.4평의 꼬마빌딩이 매매로 나왔었는데, 2016.5.18.일에 ○ 모씨가 30억에 매수하고 난 다음에 다시 모 중개업소를 통해, 2020.06월에 재매각시켜 가격이 72억으로 매입 시 가격보다 2배 이상 더 비싸게 매각되었다. 이 부지는 대치동 951-1번지 순복음교회 부지를 매입한 스톤빌리지에서 매입하여 지금은 주상복합 아파트를 짓고 있다. 앞으로 삼성역 개발이 본격화되는 것에 선제적으로 투자하여 수익을 창출한 경우이다. 재미있는 내용은, 대치동 951-#번지를 개발하기 위해서는 대치동 95#번지 꼬마빌딩이 꼭 필요한 부지라는 점이다. 조그만 필지의 땅이 큰 땅 앞에 떡 버티고 있어서 본의 아니게 알박기 형태가 되다 보니 스톤빌리지에서 목적하는 사업을 달성하기 위해선 반드시 매입을 해야 효율적인 건축 설계가 나오는 상황이었다.

세종
행정복합도시

세종신도시는 워싱턴 DC의 한국판으로 비유되기도 한다.

서울이 미국의 경제수도 뉴욕에 비견된다면, 세종은 워싱턴에 해당되는 행정수도가 되는 셈이다. 세종신도시 면적은 72.91㎢(분당신도시의 4배 규모)이고 수용인구는 50만 명(분당신도시는 39만 명) 신도시조성 비용은 45조 7천억 원으로 면적, 수용 인구, 비용 모두 국내 단일 신도시 사상 최대규모이다.

행정중심복합도시(행복도시)는 수도권의 과도한 집중에 따른 부작용을 시정하고 국가균형발전 및 국가경쟁력 강화를 목적으로 세종특별자치시의 일원에 건설되는 도시로, 중앙행정기관 및 소속기관이 이전하여 행정기능을 중심으로 다양한 기능이 조화를 이루는 복합자족도시이다.

국회세종의사당 예정부지로 세종시 연기면 세종리 일대 631,000㎡가 선정되었고, 세종의사당 이전에 대비해 직원 숙소와 편의시설 등을 갖춘 업무지원단지를 조성하고, 정보기관, 국제기구 이전 등 도시 발전 단계를 고려한 미디어 타운과 MICE(회의, 관광, 컨벤션, 전시) 등도 구축한다.

서울 수도권에 과도한 경제와 물류가 집중되어 지역 발전에도 편차가 심하여 정부에서는 신행정수도건설을 추진하였다.

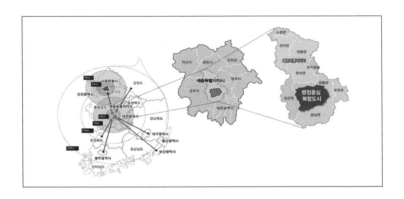

미국의 행정수도는 워싱턴이지만 경제중심은 뉴욕이다. 중국은 베이징과 상하이, 오스트레일리아의 캔버라와 시드니, 독일의 베를린과 본 등 세계 여러 나라들은 이미 오래전부터 행정과 경제의 수도를 분리함으로써 집중화의 폐해를 막고 균형발전을 이루어 국가경쟁력을 배가했다.

세종행정복합도시는 노무현 대통령의 작품으로, 충청남도 연기

군 전 지역과 공주시 장기면 일대에 정부청사를 건립하는 계획으로, 거주인구 50만 명, 사업지 약 50조 원으로 역대 최대 규모의 개발사업으로 개발되는 성장 잠재력이 높은 유망지역이다.

벤처기업의 요람
판교

판교신도시는 2기 신도시로 경부고속도로, 제2경인고속도로, 서울외곽순환고속도로, 용인서울고속도로 등을 통해 수도권과 서울 중심부로의 이동이 편리한 위치에 입지해 있다.

판교가 성공적인 신도시로 자리 잡은 핵심은 기업과 일자리다. 이를 위해 도시 계획 단계에서부터 치밀한 설계가 이뤄졌다. 지자체는 IT와 바이오기술(BT) 등 첨단 업종만을 모아 이들 간의 시너지를 창출하겠다는 목표 아래 사업을 주도했고, 판교 테크노밸리만의 확고한 콘셉트를 잡았다. '판교테크노밸리 실태조사'를 보면 입주 기업으로 정보기술 IT 회사, 문화기술 CT 회사가 차지하는 비중이 전체 기업의 79.3%에 이르고, 바이오기술 BT 업종이 12.60%로 그 뒤를 따르고 있다.

　판교신도시 상권의 경우 우수한 교통망으로 상권이 형성되어 가고 있다. 판교역은 신분당선을 통한 강남~판교, 경강선~판교, 판교~여주 구간의 환승역으로, 하루 평균 유동인구가 10만 명을 상회한다.

　판교테크노밸리 입주 기업의 임직원 6만3,050명의 연령대를 살펴보면 30대가 46.52%에 달했다. 그 뒤를 40대(26.23%), 20대(19.52%)가 차지했다. 이들 젊은 임직원들이 창출해 내는 가치도 엄청나다. 입주기업의 매출액을 합치면 총 87조5,000억 원에 이른다. 입주기업 중 77%가 판교에 본사를 두고 있는데, 본사 기준 매출액만 52조9,000억 원에 달한다. 전체 기업의 86.17%에 해당하는 1,128개 사가 중소기업이라는 점도 눈에 띈다.

판교신도시는 젊음과 역동성이 느껴지는 경제도시로, 크게 동판교, 서판교, 테크노밸리로 나눌 수 있다. 이중 가장 활성화 되어 있는 지역은 바로 동판교이다. 현재 판교역 인근에 공사가 진행 중인 곳도 도처에 보이지만, 유동인구가 풍부하고 먹자골목 상권이 형성되어 가는 모습을 보인다.

판교신도시는 계속 확장하고 있다. 현재 판교에는 제2, 제3테크노밸리 조성 공사가 진행 중이다. 제2테크노밸리는 성남시 시흥동과 금토동 일대에 43만㎡로 조성 중이며, 공공이 주도하는 1구역은 올해, 민간이 주도하는 2구역은 내년에 준공될 예정이다. 성남시 수정구 금토동 일원 58만3,581㎡ 부지에 조성되는 제3테크노밸리도 올해 착공에 들어가 2023년 완공을 목표로 사업이 진행 중이다. 판교테크노밸리와 연계해 4차 산업혁명을 이끌 산업단지로 조성된다.

이미 판교 아파트 집값은 서울 강남권과 비견될 만하다. 이 가격이 유지되는 요인은 매수 수요가 풍부하기 때문이다.

최근 들어 판교가 주목받는 건 수도권 3기 신도시 개발과도 맞물려 있다. 2기 신도시의 경우 판교를 제외하면 대부분 서울의 베드타운(bed town)으로 전락한 경우가 많은데, 전문가들은 판교의 성공 사례를 3기 신도시에도 참고할 만하다고 보기 때문이다. 정부도 3기 신도시에 기업·교통 등의 자족 대책을 마련하며 신도시의 완성도를 높이려고 시도하고 있다.

판교는 입지적으로 강남과 분당의 접근성이 우수하고 젊은층들을 유입시킬 수 있는 기업과 일자리가 많아서 지금도 성장일로에 있다. 다른 수도권이나 지방에 비하여 부동산 투자 측면에서 본다면 수요가 꾸준하여 가격 상승력은 여전하다고 볼 수 있다.

홍콩을 대체하라!
송도국제도시

인천 서해 앞바다에 대한민국 지도가 바뀌는 대역사가 일어났다.

바다 위에 비행기가 착륙하고, 바다 위에 외국인 대학교와 외국 기업들이 유치되고, 유엔산하기구인 GCF(녹색기후기금)가 입주하고, 125층 인천타워 예정부지와 외국인 병원부지가 아직도 나대지로 남아 있지만 국제도시로의 새로운 개발 청사진을 끊임없이 이어가고 있다. 앞으로 상주인구 약 25만 명을 목표로 개발되고 있는, 바로 송도국제도시 이야기이다.

1980년대에 김포공항이 국내와 국제 항공물류를 감당할 수 없는 과부하 상태가 되자, 가장 최선안으로 인천의 서해 해상에 자리한 조그마한 섬 영종도와 용유도 사이 바다를 흙으로 메워서 지금의 24시간 운항이 가능한 인천국제공항을 건설하겠다는 계획을 세우게 되었다. 인천국제공항이 세계공항서비스평가(ASQ)에서 연속 1위 자리를 굳건히 지키고 있는데, 과히 대역사라 아니할 수 없다. 그리고 인천의 서쪽에 송도국제도시와 청라국제도시를 각각 개발하게 되었다.

홍콩 국제도시와 인천 송도국제도시는 공통점이 아주 많다.

식민지 경쟁 시대에 홍콩은 아편전쟁으로 영국의 100년 통치를 받았고, 인천은 일본에 의해 강제로 강화도 조약을 강요받은 제국주의 시대의 희생양이라고 할 수 있다.

지정학적으로도 '홍콩-첵랍콕공항(란터우섬)-구룡반도'의 구도가 '송도-인천국제공항(영종도)-청라'로 비견되고, 바다와 항공물류를 아우르는 국제관문 역할을 하는 점도 공통적이다.

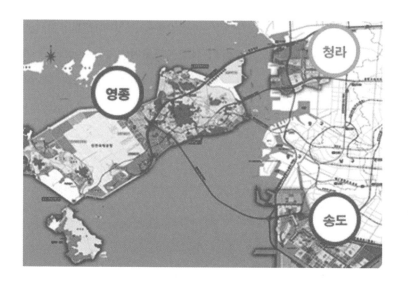

저자가 청운의 꿈을 안고 중개업을 본격적으로 진행하게 된 도시가 송도국제도시였다. 당시에 글로벌중개업소로 등록해서 영어, 일어, 중국어가 가능한 업소로 운영하였다. 사전에 홍콩과 상하이를 가서 국제도시도 답사하고, 국제감각을 익히려고 노력하였으며, 많은 계약들을 달성했던 경제도시로, 지금도 송도국제도시는 발전에 발전을 거듭하고 있다. 현재 홍콩은 중국으로 반환되면서 중국 공산당에 의해 정치, 경제적으로 상당한 간섭을 받고 있는 상황이라 예전의 국제도시로서의 기능이 많이 퇴색되고, 홍콩의 제1의 국제도시 지위를 싱가포르나 상하이, 혹은 송도가 가져오려고 서로 경쟁을 하는 모양새로 이어지고 있다.

현재 입주한 국내기업으로 포스코건설, 포스코대우, 셀트리온,

삼성바이오로직스, 패션그룹형지, 코오롱, 효성ITX, 롯데 등이 있고, 외국계기업으로 CISCO, ADT, IBM, SEMIKRON, 미쓰비시 등이 입주해 있으며, 국제기구로 녹색기후기금, 세계은행 한국사무소 등 국내외 대기업과 국제기구 등이 입주한 상태이다. 송도국제도시는 해운과 항공을 통해 세계로 뻗어 나갈 수 있는 물류 항공 아시아허브 공항으로, 경제자유구역을 넘어 국제도시로 발전 가능성이 무궁무진한 도시임에는 틀림이 없다.

저자가 송도국제도시를 떠나면서 아쉬웠던 내용이 있다면, 위정자들이 당초에 기획했던 청사진대로만 개발계획을 유지해 진행했다면 송도국제도시는 홍콩을 능가하는 도시로 탈바꿈했을 것이라는 점이다. 즉, 송도, 영종, 청라경제자유구역은 인천시 관할이 아닌, 새로운 경제특구로 완전히 독립하여 자치경제권을 가지고 홍콩, 싱가포르, 상하이 같은 국제도시와 경쟁하는 형태로 개발이 되었더라면 지금보다는 훨씬 경쟁력이 있는 도시로 발돋움했을 텐데 싶은 안타까움이 여전히 마음 한쪽에 남아 있다.

명동 상권
다시 부활하다

명동 상권 다시 부활하다

명동 상권이 다시 활기를 띠기 시작했다. 사드 배치로 중국관광객이 발길을 끊었고, 코로나로 외국관광객의 발길이 끊기고, 내국인들 왕래마저 뜸해지자 수많은 점포들이 비싼 점포료를 감당하지 못하고 하나 둘씩 폐업하여 상권이 황폐화되더니, 팬데믹 종료를 선언한 날 이후로 이제는 언제 그랬냐는 듯이 상권이 되살아 나고 있다. 코로나로 상가의 무덤으로 변했던 명동 상권이 다시 부활을 넘어 활성화되기 시작했다.

경제신문마다 "다시 돌아온 관광객들…, 활기 되찾은 명동 상권"으로 연일 대서특필이다. 하지만 아직은 갈길이 멀다. 외국인 관광객이 돌아왔다고는 하나, 가장 큰 비중을 차지하는 중국인 단체관광 규제가 이제 막 풀려서 예전처럼 회복되려면 시일이 다소 소요될 것으로 보인다. 예전처럼 회복된다면 빌딩가격 상승은 불 보듯 뻔한 상황이 될 것 같아 눈여겨 볼 필요가 있다.

코로나 시절에 경기 부양을 위해 저금리로 엄청난 돈을 쏟아부어 인위적인 경제활성화 정책을 폈다. 이 돈들이 부동산으로 유입되어 강남을 비롯한 대부분 지역의 부동산은 가격이 1.5배~2배씩 상승을 했지만, 유독 매매가격이 꾸준히 하락한 곳이 명동이다. 오히려 가격이 하락했으니 투자자에겐 반대로 투자에 관심을 가져 볼 만한 상황이다.

우리나라 5대 상권(명동, 강남, 홍대, 압구정역, 건대역) 중 하나인 명동 상권이 다시 부활의 날갯짓을 하고 있다. 현재 진행 중인 매물 외에도 급매로 진행되는 반값 매물이 있어서 투자를 하는 사람에게 상당한 기회가 될 것으로 확신한다.

2023.09월 이후 지금 시점이 오히려 투자자에겐 기회의 시간이 될 수 있다.

저자가 전속으로 매매진행하고 있는 중구 명동2가 52-##번지 대지 187.3평, 연면적 880평의 매물은 명동에서는 그나마 상당히 큰 대지면적을 가진 상가빌딩으로 통한다. 코로나 이전에는 평당 3억5,000만/평~4억/평이 시세였는데, 거의 반값인 평당 2억을 조금 상회하는 금액에 매각을 진행하고 있다. 투자자라면 빨리 계약을 서둘러야 될 우량매물이다.

관광객들이 많이 찾는 명동교자(명동2가 33-4번지) 인근에 입지한 명동2가 3-#번지 매물을 매매로 진행 중인데, 이 매물도 점심시간과 퇴근시간대에 유동성이 회복되고 있어서 투자하기엔 아주 좋은 매물이다.

그리고 충무로2가 12-##번지 빌딩도 매가 160억으로 전속중개로 진행 중이라 계약 상황이 있어서 투자하는 사람에겐 엄청난 기회가 될 것이라 판단된다. 만약에 나에게 투자할 실탄이 있다면 나는 주저없이 이 매물을 매수할 것이다.

코로나 때문에 유독 가장 큰 피해를 입은 상권이 명동 상권인데, 그 이유는 명동 상권이 외국인 관광객들 우선으로 영업하고, 상대적으로 자국의 여행객들에 대한 콘텐츠를 제대로 개발하지 않은 결과로 내국인이 잘 찾지 않아 지금의 현상이 벌어졌다.

명동은 90% 이상이 외국관광객들로, 이들이 들어오지 않으면 상권 전체가 힘들어진다. 명동은 외국인들이 주로 많이 찾다 보니 외국인을 대상으로 하는 우량업종들로 구성한 트렌드 패션의류, 외국관광객에 타깃팅된 상품 서비스 업종으로 구성된 매장이 많다. 반면 상대적으로 한국인들이 자주 찾는 상권이 아니다 보니 외국인이 오지 않는 명동 상권은 직격탄을 맞은 것이다.

이제 명동도 새로운 변화를 모색해야 될 상황이 된 것 같다.

즉, 젊은이들이 많이 모이는 거리인 경리단길, 송리단길, 샤롯수길, 가로수길, 세로수길 등 이런 상권을 벤치마킹하고, 홍대, 연남동, 망원동 상권 등 새로운 상권이 지속적으로 만들어지는 트렌트를 접목시켜 이들 젊은이들을 타깃팅한 상권도 함께 만들어야 할 때가 된 것이다. 명동도 상권 트렌드에 변화를 주어 내국인들도 자주 찾을 수 있는 상권으로 변신할 때가 아닌가 한다.

7장

빌딩 투자
성공 사례

강남역 1번 출구 앞 영림빌딩 중개 사례

빌딩 투자에서 가장 중요한 것은 첫째도 입지, 둘째도 입지, 셋째도 입지이다.

그만큼 입지는 아무리 강조해도 지나치지 않다. 기업들도 경영 실적이 좋아 벌어들인 잉여자산이 많을 경우 현금 상태로 은행에 예치해 두기보다는 인프레이션 헤지 수단이 되고 환금성이 뛰어난 최고의 입지에 소재한 부동산을 자산 보존과 자산 증식 수단으로 적극 검토하고 있는 게 사실이다. 투자 후엔 이 입지를 찾는 임차수요가 많다 보니 자연스럽게 우량임차인들이 입주하면서 결국 입지프리미엄이 자산가치를 증대시키고, 임대수익을 높이며, 향후 매매가격 상승으로 이어져 결국은 부동산 입지가치가 그 빌딩의 내재가치로 돌아오는 경우가 많다.

입지로 대박 친 빌딩 투자에 대해서 이야기를 하려고 한다.

강남구 역삼동 825-## 외 1필지, 영림빌딩의 이야기이다. 강남역 1번 출구 앞 대로변 코너에 위치한, 탁월한 입지에 소재한 빌딩으로, 이 빌딩 매매정보가 최초로 저자에게 입수된 것은 2015년 7월 초, 타 중개업소를 통해서 1,150억 원에 매매를 진행했던 매물로, 그 당시 보증금 55억2,600만 원에 월세 1억740만 원, 관리비 4,959만 원으로 임대수익율이 거의 나오지 않던 매물로, 매입 후 리모델링이나 신축할 매물이었다.

이 매물은 빌딩중개법인에서 물건 교류 중에 접하게 된 매물이라 아주 많은 사람들에게 알려져 있던 유명한 매물이었다. 최초에 외국계 부동산중개회사 ERA에서 전속으로 진행하였던 매물이었지만, 매각을 못한 채 표류하다가 프리미엄에셋 ○ 전무에게 다시 전속으로 매각을 진행한 매물이었다.

이 매물이 저자에게 접수되기까지는 상당한 시일이 지난 뒤였다. 매가 850억에 급매로 진행한다는 정보를 알게 되었을 때 처음에는 이 정보를 신뢰할 수 없었다. 강남역 1번 출구에 입지한 탁월한 입지의 매물이, 불과 2년 전만 하더라도 1,100억 원의 매수자가 있었음에도 매각을 하지 않던 매물이, 850억 원이라니? 처음에는 그냥 흘러 넘기려다가 혹시나 하는 마음에 이 금액이 정확한 금액이냐고 매도측 담당에게 정확한 확인을 의뢰하였다. 결과는 믿기지 않을 정도로 확실히 급매로 850억에 나온 게 분명했다. 더 이상 망설일 이유가 없었다. 강남역 1번 출구 대로변 코너에 입지한 일반상업지역 빌딩 매물이 300억 원이나 낮은 850억이라니….

매도측 중개법인을 통해 전해들은 사정은 이러했다. 매도자가 사업자금이 급히 필요해서 빨리 현금화시켜 정리하지 않으면 심각한 문제가 발생하기 때문에 급매로 빨리 매각하려고 한다는 것이었다. 나는 이 매물을 P법인 회장님께 브리핑해 드렸는데, 당일에 바로 현장답사를 한 다음 불과 3일 이내 매입을 결정하고, 은행 대출 발생금액과 자기자본을 준비하는 시간 약 1주일이 소요되고 최종적으로 대출금 400억, 자기자본 400억을 합친 800억 원에 매매계약을 완료시켰다. 저자가 중개한 P법인 회장님에겐 정말 만족할 만한 아주 좋은 투자의 기회가 되었던 셈이다.

이 부동산의 매수 목적은 사용목적과 자산가치 상승을 염두에 둔 투자목적이었다. 매입 당시 구(舊) 테헤란빌딩은 1984년도에 준공된 31년 된 건물이라 상당히 노후되었고, 매입 후 임대료 현황이 보증금 57억, 월세 1억2900만 원, 관리비 6,100만 원으로 임대수익율이 2%가 되지 못했다. 이러한 부분을 개선하려고, 매입한 지 5년이 지난 시점에 본 건물에 입주해 있던 농협을 2021.1월 말을 마지막으로 명도하여 건물 전층 명도를 완료하고, 병의원 건물로 가설계까지 뽑아 놓고, 신축공사를 할까 건물 리모델링을 하여 보증금 30억에 월세 3억으로 임대를 놓을까로 고민하고 있었다. 고민 끝에 결국은 저자에게 통건물 임대로 보증금 30억에 월세 3억으로 진행하라는 결정이 내려져서 전속임대를 지속적으로 추진하고 있었다. 그러던 차에 코로나 사태로 경기가 어려워지자 임차로 들어오려는 고객은 전무한 상황이 되고, 정부에서 경기부양차원에서 거의 제로금리 정책을 유지하고 있었으며, 시중에 유동성으로 돈이 흘러 넘치자 자산시장들 중에 특히 부동산으로 엄청난 유동자금들이 몰리면서 부동산가격이 매일매일 고가행진을 지속하고 있었다.

그리고 이 매물을 2021.4월 6일에 다시 2,110억에 매매를 완료하였다.

기존에 진행했던 마스턴과 같은 시행사에서 매입하여 사업을 시행하기에는 매입금액 대비 투자 수익율이 잘 나오지 않아, 실제로 빌딩을 사용목적으로 매수할 업체가 최고 적임자로 판단하고 진행했던 것이 제대로 적중되어 매매계약이 된 케이스이다.

이러한 빌딩 입지의 중요성을 잘 알고 계시는 중견기업 Y화학㈜의 H 회장님이 인연이 되어 이 빌딩의 주인이 되었다. 매입 당시 2,110억이었지만, 지금은 2,800억 원에도 매수하겠다는 사람들이 나타났지만, 매매하지 않을 정도로 우량매물이다. 지금 당장 매각을 하시진 않겠지만, 향후 매각할 때도 전속중개로 매매를 진행할 예정이다.

매수자 H 회장님의 사업장은 송도국제도시 옆 인천 남동공단에 소재하고 있는데, 좋은 인연으로 저자를 직접 찾아오셔서 테헤란 빌딩 브리핑을 받고 흡족한 마음으로 계약하였다. 송도국제도시의 인연이 이렇게까지 이어질 줄은…. 정말 알 수 없는 것이 우리네 인생인 것 같다.

테헤란빌딩 매매 잔금을 다 치르고 난 후에 H 회장님께서 흡족하게 생각하시고 매도자 P법인 회장님과 함께 골프라운딩을 하자고 제안하셔서 송도국제도시 잭니클라우스 골프클럽에서 P법인 회장님과 H 회장님을 모시고 함께 멋진 골프라운딩을 가졌다. 매수자 H 회장님도 최고의 입지를 매입하셔서 정말 만족스러운 빌딩을 매수하신 것이다.

흔히들 부동산 투자에서 입지의 중요성을 강조하고 있지만, 부동산의 부동성에 따른 최고 입지의 중요성은 아무리 강조해도 지나치지 않는 대표 조건이라고 생각한다. 강남권 부동산의 경우는 돈을 조금 더 지불하더라도 최고의 입지 매물을 사는 것이 더 큰 수익을 가져다 주는 경우가 많다.

이 매물의 투자 성공요인은 강남역 1번 출구 앞 대로변 코너에 입지한 최고 입지의 빌딩으로서, 입지투자의 성공과 급매 상황에서 매수한 결과라 할 수 있겠다.

결국 빌딩의 내재가치를 결정짓는 것은 빌딩의 입지가치이다!

강남역 출구 앞 대로변 빌딩의 경우 임차인 대부분이 대기업에서 운영하는 안테나숍, 혹은 플래그십 스토어들이 많이 입점하고 있는데, 대기업 임차인은 수익성보다는 기업과 기업의 제품홍보가 우선이다 보니 유동인구가 많고 광고 효과가 뛰어난 입지에 경쟁적으로 뛰어들고 있다. 입지가 좋은 매물은 초기에 매입비가 다소 비싸지만 향후에도 임차 수요와 매수를 원하는 수요가 워낙 많기 때문에 매매가 상향선 곡선은 불을 보듯 뻔한 결과로 귀결된다. 수요가 가격을 창출한다는 말처럼, 최고의 입지를 찾아서 투자하려는 견실한 기업들의 입지 경쟁은 수요가 있는 한 우상향 곡선이 지속되리라고 본다.

신사역 빌딩을 리모델링하여 되팔기

부동산투자의 가장 큰 장점 중 하나는 자산의 밸류업을 다양한 방법으로 얼마든지 할 수 있다는 것이다. 부동산 최유효 원칙에 입각하여 건축법에 저촉되지 않는 범위 내에서 본 빌딩이 가진 입지의 장점을 최대한 살리고, 본 건물이 가지고 있는 핸디캡을 개선하여 건축물 용도를 최선안으로 잘 적용시키면, 높은 임대료를 지불하고도 입점할 우량임차인들이 얼마든지 있다는 것이다. 이러한 우량임차인 입점으로 향상된 임대수익율은 빌딩 가치를 상승시키고 빌딩 매각 시 만족할 만한 높은 매매수익율을 달성할 수 있도록 해준다. 기존의 단점을 장점으로 개량하고 밸류업 하는 작업이야말로 부동산 투자의 최고 진수라 할 수 있다.

저자가 중개한 신사역 앞에 소재한 꼬마빌딩을 사례로 들고자한다. 처음에 B 커피브랜드 정 회장님께 본 매물을 의뢰했는데, 본 빌딩을 매수 후 빌딩 개발에 대한 자신감이 없다고 하시면서 다시 재매각하여 새로 매수한 Q회사에서 리모델링 및 증축을 통하여 대박을 친 사례의 빌딩 이야기이다.

소개할 매물은 신사역에 입지한 논현동 16-##번지 논현○○○ 개발의 이야기이다.

이 매물은 다세대주택과 사무실이 혼재한 형태의 상가주택으로, 지면의 경사를 이용해서 지하 2개 층을 지상층처럼 활용할 수 있어 용적률에 상당히 이득을 본 노후된 빌딩이었다. 2016년 6월 18일에 본 빌딩 인근에 소재한 Q법인회사에서 기업은행에 대출 19억4,000만 원을 받고 27억9,000만 원에 본 빌딩을 매입하였다.

그 당시 지하 2층에는 잉크문신회사가 입주해 있었고, 지하 1층에는 일반회사가, 지상 1층은 주차장, 지상 2층, 3층, 4층은 다세대 주택이 입주하고 있었다. 보증금 1억3000만 원에 월세 725만 원에 임차 중이었고, 수익률 3.4%가 나오는 매물이었다. 강남구에 소재한 건물이라 2016년 당시 임대수익율 4% 대에 다소 못 미치는 아쉬움은 있었지만, 신사역 3번 출구에서 110m 거리에 입지한 매물이고 신분당선 개통 호재와 위례~신사선 개통 호재가 있어서 강추할 수 있는 매물이었다. 그리고 건물의 용도변경을 통해 임차인 구성을 새로할 경우 건물의 가치가 60억 전후로 가는 것은 너무나 당연해 보였다. 게다가 다행스러운 것은 세입자 대부분이 2015년 2월부터 2016년 10월이 만기라 건물을 명도를 하는 데는 큰 어려움이 없을 것으로 판단된다는 점이었다.

매입 후 명도에 소요된 기간은 약 8개월 정도가 걸렸고, 명도에 사용된 총 비용도 당사와 공동중개한 D컨설팅 이 전무의 활약으로 최소화시킨 선에서 잘 명도되었다.

매수자는 매입 전에 이미 건축사에게 설계를 의뢰하여 사옥 용도로 사용하기 위하여 리모델링 및 증축을 구상하고, 기존의 연면적 481.81㎡을 연면적 540.95㎡으로 59.16㎡을 더 늘리고, 지상 2~4층의 다세대주택을 모두 철거하고 제2종근린생활시설 사무실 용도로 리모델링하면서 건물 용도변경에 대한 준비를 완료하였다.

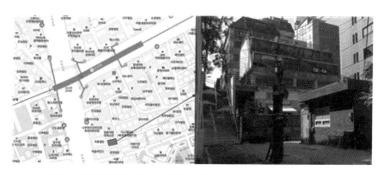

❖ 소재지 서울시 강남구 논현동 16-##번지 논현○○○ (대지 215.5㎡, 연면적 481.81㎡, B2/4F)

매수자는 이 빌딩의 임차인을 모두 명도하고 건물 증축 및 리모델링 개량 공사를 하여 사옥으로 운용하다가, 다시 2019년 6월 5일에 매각가 59억 원으로 매매를 완료하였다.

본 빌딩 투자 성공요인은

첫째, 지하철 3호선 신사역에 신분당선 개통 호재가 1차 빌딩가격 상승을 이끌었고, 향후 위례~신사선이 추가로 개통할 예정이라 트리플역세권으로 개발 호재가 있는 지역의 매물이었다.

둘째, 기존의 다세대주택과 저렴한 임차료를 내고 있던 사무실이 혼재했던 노후화된 건물을 용도변경과 증축 및 리모델링을 통하여 임대수익율을 향상시켰다.

셋째, 매수회사의 사업목적에 맞게 사옥으로 사용하면서 나머지 공간은 다른 회사에 임대차계약을 작성하여 수익률을 향상시켰다.

처음에 저자는 B 브랜드커피 회사 정 회장님께 투자개발 매물로 잘 중개하였지만, 정 회장님은 빌딩 리뉴얼 및 개발에 대한 경험도 없었던 데다가 사업적으로 무척 바쁘신 분이라 사업상 이유로 매입 후 불과 몇 개월 이내에 다시 재매각을 했다. 그 뒤 Q회사가 노후된 본 빌딩을 매입한 후 증축과 리모델링을 통해 건물의 단점을 모두 개선하여 매각 시에 입지가치와 개발가치를 모두 반영한 좋은 금액으로 상당한 투자수익률을 달성하였다. 이 빌딩 주변은 개발 호재가 아직도 많아서 트리플역세권으로 개발 분위기가 조성될 때까지 지속적인 가치 상승이 예상된다.

빌딩은 어떤 사람들이 소유하고 있을까?

강남 요지 빌딩은 누가 소유하고 있을까?

저자가 강남 빌딩을 17년 간 중개하면서 구축한 빌딩 데이터베이스를 종합적으로 분석한 결과, 자금력이 있는 중대형 법인, 비영리재단, 대기업체 임원과 유명 연예인, 유명 스포츠 스타, 자수성가한 개인과 몇 세대에 걸쳐 증여와 상속으로 물려받은 사람들이 강남 요지에 주로 빌딩을 소유하고 있음이 확인되고 있다.

연예인과 스포츠 스타가 강남권 빌딩의 주요 고객이다

한국 K-POP과 K-Movie가 전 세계 가요계와 영화계를 강타하고 있다. BTS가 전 세계를 무대로 공연할 때마다 좌석은 연일 매진을 기록하고, 이들이 벌어들이는 외화 수입도 가히 천문학적인 수치를 자랑하며, 손흥민과 이강인, 류현진 등 유명 스포츠 스타들이 외국에서 벌어들이는 수입 또한 엄청나다.

연예인과 스포츠 스타들의 특성상 나이가 들고 인기가 시들해
지며 체력이 떨어지면 벌어들이는 수입이 급격히 줄어드는 업종
이고 보면, 유명세로 잘 나갈 때에 나중을 대비한 보험으로 요지의
빌딩들을 많이 매입하고 있다.

이들이 보유한 빌딩의 면면을 보면,
- SM엔터테인먼트 이수만 회장이 소유한 강남구 압구정동
  52#번지 외2 SM빌딩
- YG엔터테인먼트 양현석이 보유한 마포구 합정동 397-#번지
  YG빌딩과 서교동에 2채의 빌딩을 소유하고 있다.
- 이승엽이 소유한 성수동1가 656-##번지 에스콰이어빌딩
- 박찬호가 도산대로변에 소유한 신사동 563-## 외 3필지
- 정지훈(비)과 김태희 부부는 강남대로변 요지인 서초구 서초
  동 1306-#번지
- 김희애(450억 원) 청담동 96-## 주차장 건물을 신축건물로 건
  축해서 보유하고 있다.

연예인과 스포츠 스타들은 왜 강남 소재 부동산을 선호할까?

이유는 강남에 밀집된 대기업과 중견기업, 그리고 경제도시 강
남에 종사하는 영리치들과 엄청난 유동인구, 사통팔달로 뻗은 교
통망이 가지는 입지 가치가 상당히 높아, 매수자가 많다 보니 가격

이 조금 비싸더라도 환금성이 상당히 양호하기 때문이다.

강남권 일대에 빌딩을 가진 스타들의 임대 수익은 연 1.5~2%에 불과한 경우도 많다. 100억 원짜리 빌딩을 샀다면, 연 임대 수익이 1억5000만~3억 원에 불과해 은행에 맡겨 놓는 것보다 수익율이 낮은 것이다. 그래도 매매가 되는 원인은 인플레이션 헤지 기능을 충실히 수행하면서 자산가치를 보존하고 가치 상승에 대한 강한 믿음이 견고히 자리잡고 있기 때문이다.

지금은 고인이 된 삼성그룹 이건희 회장이 자택으로 가던 중에 갤러리아 백화점 맞은편 빌딩의 입지를 보고 이 주변 빌딩을 매입하라고 지시한 지 며칠만에 주변시세보다 더 비싼 가격에도 흔쾌히 매입을 했다는 일화는 유명한 이야기로 남아 있다. 청담동 명품거리가 조성이 되면서 청담동과 신사동 주변에 대기업체 가족 친지들이 매입하여 보유한 부동산이 상당히 많이 확인되고 있고, 자금력이 있는 재력가들이 소유하고 있는 부동산이고 보면 앞으로도 높은 가격대를 유지할 수밖에 없을 것으로 보인다.

성공의 상징
빌딩 소유

우리 삶에 있어서 무엇이 성공한 모습이라고 생각할 수 있을까까요?

유명 연예인과 스포츠 스타처럼 많은 인기를 누리고, 강남 요지에 빌딩을 소유하고, 국내 랭킹 100대 기업 대표나 임원들처럼 강남과 마포, 용산, 성동구에 고급주택을 소유해야 성공했다고 할 수 있는 것일까?

저자가 28년 간 중개를 하면서 만난 사람들의 면면을 보면, 시장 난전에서 채소 가게를 하던 할머니가 어렵사리 모은 돈으로 꼬마빌딩의 주인공이 된 얘기와, 시골에서 지독한 가난이 지겨워 무작정 상경해서 하루하루 밥을 먹고 살기 위해 처음 안경점에 취직해서 일을 하다가 안경사 자격증을 따고 일평생을 근면 성실 하나로 일하며 저축하여 명동에 조그만 신축 부지를 매입하고 빌딩 건물을 신축하여 1층에 안경점을 운영하고, 나머지 층은 임대를 주어 빌딩주가 된 이야기, 그리고 다양한 업종에서 종사하며 열심히 살아 낸 사람들의 수많은 성공스토리가 있다.

사람마다 성공의 기준이 다를 수 있다. 저자가 생각하는 진정한 성공인은 '지금 주어진 여건에서 자신이 하고 싶어 하는 일을 즐거운 마음으로 열심히 하는 사람'이라고 생각한다. 내 몸이 건강하고, 경제 활동을 하는 과정이 즐겁고 행복하다면 이미 성공의 문을 향하고 있다고 생각한다. 열심히, 즐겁게 일하다 보면 자연히 돈을 벌 수 있는 기회가 생길 수밖에 없고, 이러한 시간들이 쌓여서 결국은 물질적인 부도 축적할 수밖에 없다. 순수한 나의 노력으로 조그만 상가를 사도 성공이고, 꼬마빌딩을 사도 성공이다. 어쩌다 정말 운이 좋아 중대형 빌딩도 살 수 있다면 더 좋을 것이다.

그러나 빌딩을 가지는 것만이 성공의 기준이라고 생각하지는 않는다. 'Build + ing'처럼 하루 하루를 알차게 보내면서 보람된 일을 만들어 가는 전 과정이 성공을 향한 길이 아닐까?

다만, 최소한 성공을 얘기한다면 자산관리를 잘해서 노후에도 경제적으로 궁핍하지 않고, 이왕이면 남과 같이 식사할 때도 대접하는 데 부담이 가지 않을 정도의 자산은 있어야 된다고 생각한다.

저자에게도 꿈이 있다면 대한민국 빌딩들을 중개, 관리, 개발을 원스탑 서비스로 제공할 전문가그룹을 제대로 만들어서 부동산 글로벌 기업들과 함께 선의의 경쟁도 하며 정말 멋지게 중개하고 싶은 생각이 있다. 또 이 책을 읽고 있는 독자분들 중 빌딩을 매수하려는 계획을 가지신 분들에게 이때까지 빌딩 중개로 갈고 닦은 모든 것을 잘 서비스해서 양질의 빌딩을 매수하게 해드리고, 지속적인 성공을 할 수 있도록 지원하는, 그런 역할도 계속하고 싶다. 빌딩 중개를 잘해서 투자한 분들이 성공할 때마다 저자의 빌딩도 더 크고 견고하게 잘 만들어 갈 수 있다고 생각한다. 그러한 희망을 가지며 논현역에서 늦게까지 남아서 열심히, 재미있게 일을 진행하고 있다.

초지일관 빌딩전문 컨설턴트로 계속 열심히 일하다 보면 저자에게도 사옥 빌딩을 매입할 적기가 올 것이고, 이 책을 구독하는 독자들에게도 본업에 충실하고 즐거운 마음으로 열심히 하다보면 반드시 빌딩을 매입할 좋은 기회가 함께 찾아 오리라 생각한다.

이 책은 저자가 28년 간 부동산 중개를 하면서 체득한 내용을 중심으로 빌딩 투자를 위해 꼭 알아야 될 내용들로 수록하려고 노력하였다. 지면에 모든 내용을 담을 수 없어서 상당히 많은 내용들이 삭제될 수밖에 없었음을 양해 부탁드리며, 혹 궁금하신 내용이 있어서 저자에게 의뢰를 주시면 성실하게 잘 안내해 드릴 것임을 약속한다.

이 책을 읽는 독자 모두가 똑같은 환경일 수는 없다. 현업에 종사하고 있는 직종이 다르고, 소유한 자산 규모가 서로 다르고, 인생을 살아온 방식이 다르기 때문에 모두 상이할 수밖에 없다. 분명한 것은 자신이 맡은 직무에 충실히 하면서 내일을 준비하는 사람들에겐 노후를 어떻게 준비할지 혹은 부동산 자산을 어떻게 운용하면 좋을지 등의 내용으로는 참 유용한 정보로 다가오리라 생각된다. 거듭 사업 번창을 기원하며, 오늘도 승리하는 하루가 되길 기원하는 바이다.

부록

거래 시
필수 서류 및
알아 두면
쓸모 있는
정보 사이트

매매계약 시
준비 서류

별색 표시는 매매계약 또는 소유권이전등기 시 최소한의 필수 준비서류이다.

매도인 – 개인	매수인 – 개인
① 신분증 ② 등기권리증 (토지/건물) ③ 주민등록초본 1통 　(주소변동사항 포함) ④ 도장 ⑤ 임대차계약서 사본 ⑥ 기타 건물관련 도면 등 (대리인) ① 위 매도인 준비서류 일체(①,④,⑤) ② 매도인 인감증명서 1통 　(매도인 본인이 직접 발급한 것) ③ 매도인 인감도장 ④ 매도에 대한 위임장	① 주민등록초본 1통 ② 도 장 ③ 신분증 (대리인) ① 위 매수인 준비서류 일체(②,③) ② 매수인 인감증명서 1통 　(매수인 본인이 직접 발급한 것) ③ 매수인 인감도장 ④ 매수에 대한 위임장 　(반드시 매수인 인감도장 날인된것) ⑤ 대리인 신분증 ⑥ 대리인 주민등록 초본 ⑦ 대리인 도장

매도인 – 법인	매수인 – 법인
(반드시 매도인 인감도장 날인된 것) ⑤ 대리인 신분증 ⑥ 대리인 주민등록초본 ⑦ 대리인 도장	

매도인 – 법인	매수인 – 법인
① 법인인감증명서 1통 ② 법인인감도장 ③ 법인등기부등본 1통 　(말소사항 포함) ④ 등기권리증 (토지/건물) ⑤ 신분증 (대표이사) ⑥ 사업자등록증사본 ⑦ 매도에 따른 회의록(이사회, 주주총회) : 　계약 당시 불가능할 시 계약 이후에 매수와 　제출기간 협의하여 첨부할 수 있음. ⑧ 임대차계약서 사본 ⑨ 기타 건물관련 도면 등 (대리인) ① 위 매도인 준비서류 일체(①, ②, ③, ⑤, ⑥, 　⑦, ⑧) ② 매도인 법인인감증명서 1통 ③ 법인인감도장(법인인감도장을 갖고 나오지 　못 하는 경우 사용인감계와 사용인감도장) ④ 매도에 대한 위임장(반드시 매도인 법인인 　감도장 날인된 것) ⑤ 대리인 재직증명서 ⑥ 대리인 신분증 ⑦ 대리인 도장	① 법인등기부등본 1통 ② 법인도장 ③ 신분증(대표이사) ④ 사업자등록증사본 (대리인) ① 위 매수인 준비서류 일체(①, ②, ③, ④) ② 매수인 법인인감증명서　1통 ③ 법인인감도장(법인인감도장을 갖고 나오지 　못 하는 경우 사용인감증명서 1통과 사용인 　감도장) ④ 매수에 대한 위임장(반드시 매수인 법인인 　감도장 날인된 것) ⑤ 대리인 재직증명서 ⑥ 대리인 신분증

소유권 이전등기 시 준비 서류

별색 표시는 매매계약 또는 소유권이전등기 시 최소한의 필수 준비서류이다.

매도인 – 개인	매수인 – 개인

① 신분증
② 등기권리증 (토지/건물)
③ 주민등록초본 1통
  (주소변동사항 포함)
④ 인감증명서(매도용) 1통
  (매수인 인적사항 정확히 기재 요망)
⑤ 인감도장
⑥ 임대차계약서 원본
⑦ 영업허가증 등 (영업에 관련한 모든 인허가서)
⑧ 기타 건물관련 도면 등 (있는 부분만)
⑨ 매매계약서 원본
⑩ 국세 및 지방세 완납증명서
	① 주민등록초본 1통
	② 도 장
	③ 신분증
	④ 매매계약서 원본

매도인 – 법인	매수인 – 법인
① 법인인감증명서(매도용) 1통 (매수인인적사항 정확히 기재 요망) ② 법인인감도장 ③ 법인등기부등본 ④ 등기권리증 (토지/건물) ⑤ 신분증 (대표이사) ⑥ 임대차계약서 원본 ⑦ 기타 건물 관련 도면 등(있는 부분만) ⑧ 영업허가증 등 (영업에 관련한 모든 인허가서) ⑨ 매매계약서 원본 ⑩ 계정별 원장장부(토지, 건물 부동산 매매대금지급 관련) ⑪ 국세 및 지방세 완납증명서	① 법인도장 ② 법인등기부등본 1통 ③ 매매계약서 원본 ④ 계정별 원장장부 (토지, 건물 부동산 매매 대금지급 관련) [재단법인] 어떤 용도로 매수하는지에 대한 매수회의록 (이전 법무사에 문의)

알아 두면 유용한
부동산 관련 사이트

■ 부동산정보통합열람

- 서울 일사편리(http://kras.seoul.go.kr)

- 일사편리(http://www.kras.go.kr)

■ 부동산 매매가격 확인

- 밸류맵 (https://www.valueupmap.com)

- 디스코(https://www.disco.re)

- 부동산거래관리시스템(https://rtms.molit.go.kr)

■ 감정가격 평가

- 랜드북(https://www.landbook.net)

■ 재개발 정보 사이트

  - 클린업시스템(https://cleanup.seoul.go.kr)

  - 부동산플래닛(https://www.bdsplanet.com)

  - 서울 도시재생포털(https://uri.seoul.go.kr)

  - 도시재생 종합정보체계(https://www.city.go.kr)

  - 건축물생애이력관리시스템(https://blcm.go.kr)

■ 한국토지주택공사(https://www.lh.or.kr)

■ 대법원 경매(https://www.courtauction.go.kr)

■ 경매 무료 사이트(http://www.chesterauction.co.kr)

■ 다음지도(https://map.kakao.com)

■ 네이버지도(https://map.naver.com)

■ 국가법령정보센터(https://www.law.go.kr)

■ 정부24(https://www.gov.kr/portal/main)

■ 상권정보시스템(https://sg.sbiz.or.kr)

■ 우리마을가게(https://golmok.seoul.go.kr)

전 국민
1인 1토지
프로젝트!

난생처음 토지 투자

이라희 지음 | 18,000원

1,000% 수익률을 달성한
토지 투자 전문가 이라희 소장의 땅테크 노하우

초저금리 시대, 땅테크가 최고의 재테크 수단으로 떠오르고 있는 지금, 전 국민이 '1인 1토지'를 가져 재테크에 성공할 수 있도록 누구나 쉽게 실천할 수 있는 실전 노하우를 담았다. 재테크를 전혀 해보지 않은 초보자도 이해할 수 있도록 개발 지역 확인하는 법을 알려주고, 초보자가 꼭 봐야 할 토지 투자 관련 사이트, 용지 지역 확인하는 법 등 실질적인 노하우를 공개한다. 나의 지금대에 맞는 토지 투자법, 3~5년 안에 3~5배 수익을 내는 법 등 쉽고 안전한 토지 투자 방법을 담아내 누구나 '1,000만 원으로 시작해 100억 부자'가 될 수 있다.

참 쉬운
아파트 투자
안내서

대한민국
마지막 투자처 도시재생

양팔석, 윤석환 지음 | 19,800원

높은 수익률과 빠른 회수가 가능한
도시재생사업에 지금 당장 투자하라!

부동산 시장은 국내외 환경의 변화에 따라 급격히 변하고 있다. 정부는 과거 수년간 뜨거웠던 부동산 시장을 잠재우기 위해 계속 규제를 강화하고 있으며, 몇 달만 지나면 또 다른 변화가 감지된다. 부동산 시장이 이렇게 뜨거운 감자이자 초미의 관심사가 되는 것은 무엇보다 돈이 되기 때문이다. 28년간 부동산 투자 현장에서 배우고 익힌 재개발, 재건축 투자 전문가 두 명이 대한민국 투자자들이 경험해보지 못한 '도시재생 연관 투자'를 알기 쉽게 설명했다. 누구나 어렵지 않게 투자할 수 있도록 도와줄 이 책은 흔한 예시 중심이 아닌 저자의 경험에서 우러난 생생한 조언, 현장감 있는 스토리가 담겨 있다. 대한민국의 마지막 투자처인 '도시재생사업'이 불황으로 고민하는 모든 투자자, 예비 투자자들에게 새로운 기회로 다가올 것이다.

특수경매
초보자를 위한
팁 수록

난생처음 특수경매

박태행 지음 | 19,000원

좋은 물건만 쏙쏙 골라내
일주일 만에 2배 수익을 실현하는 특수경매 따라 하기

계약금 투자만으로도 곧바로 수익을 낼 수 있는 방법이 있다. 바로 특수물건 경매시장이다. 법정지상권, 유치권, 선순위 가압류, 가처분 등 어렵게만 생각되는 특수물건이 알고 보면 일반 경매보다 훨씬 쉽고 수익도 높다. 사례별로 꼼꼼하게 소개하는 권리 분석을 따라 하기만 하면 적은 금액의 투자만으로도 빌라 한 동, 미니 건물 한 채가 내 손에 들어온다. 1천만 원 이하부터 1억 원까지 금액대별로 투자 물건을 골라내는 법, 권리 분석을 해서 낙찰받는 법, 마지막으로 소유권자와 협상하는 법까지 스토리 형식으로 쉽고 재미있게 소개한다.

경매의 신
임경민의
경매 노하우

난생처음 10배 경매

임경민 지음 | 18,000원

안전하고 확실한 '10배 경매 6단계 매직 사이클'
과장된 무용담이 아닌 100% 리얼 성공 사례 수록!

경매가 무엇인지 개념 정리부터 경매의 6단계 사이클을 토대로 경매 물건 보는 법, 10초 만에 권리 분석하는 법 등 경매 고수가 알아야 할 기술을 알려준다. 특히 실제로 경매를 통해 수익을 올린 사례를 실투자금, 예상 수익, 등기부동본과 함께 실어서 경매가 얼마나 확실하고 안전한 수익을 올릴 수 있는지 증명했다. 경매는 결코 어렵고 위험하지 않다. 큰돈이 있어야만 할 수 있는 것도 아니다. 투자금액의 몇 배를 빠른 기간에 회수할 수 있는 훌륭한 재테크 수단이다. 경매는 부자로 태어나지 못한 사람이 부자가 되는 가장 빠르고 확실한 방법이다.